课程研究前沿　总主编 崔允漷

陈霜叶　雷　浩　编著

数智时代的教材建设与国家知识管理机制

Textbook and national knowledge management mechanism in the AI-digital era

华东师范大学出版社
·上海·

图书在版编目(CIP)数据

数智时代的教材建设与国家知识管理机制/陈霜叶,
雷浩编著. —上海:华东师范大学出版社,2024.
(课程研究前沿). —ISBN 978-7-5760-5570-2
Ⅰ. G423.3-53;G302-53
中国国家版本馆 CIP 数据核字第 2025UL0612 号

数智时代的教材建设与国家知识管理机制

编　　著	陈霜叶　雷　浩
策划编辑	彭呈军
责任编辑	张艺捷
责任校对	王丽平
装帧设计	卢晓红

出版发行	华东师范大学出版社
社　　址	上海市中山北路 3663 号　邮编 200062
网　　址	www.ecnupress.com.cn
电　　话	021-60821666　行政传真 021-62572105
客服电话	021-62865537　门市(邮购)电话 021-62869887
地　　址	上海市中山北路 3663 号华东师范大学校内先锋路口
网　　店	http://hdsdcbs.tmall.com
印 刷 者	上海锦佳印刷有限公司
开　　本	787 毫米×1092 毫米　1/16
印　　张	7.75
字　　数	120 千字
版　　次	2025 年 1 月第 1 版
印　　次	2025 年 1 月第 1 次
书　　号	ISBN 978-7-5760-5570-2
定　　价	58.00 元

出 版 人　王　焰

(如发现本版图书有印订质量问题,请寄回本社客服中心调换或电话 021-62865537 联系)

序

在数字化与人工智能技术飞速发展的今天,教育领域正经历着前所未有的变革。教材作为知识传播的重要载体,在这一变革中扮演着至关重要的角色。第21届上海课程论坛以"数智时代的教材建设与国家知识管理机制"为主题,深入探讨了数智时代对教材建设提出的新要求和新挑战。本次会议论文集,作为本次论坛的智慧结晶,收录了多篇高质量的学术论文,涵盖了教材建设的多个方面,为我们提供了一个全面、深入、多角度的视野。

数智时代的教材不再仅仅是纸质的平面媒介,而是向数字媒体与纸质媒体共存的知识呈现状态转变。这一变化促使我们重新思考教材的边界和内涵。正如华东师范大学课程与教学研究所所长崔允漷教授所指出的,"无教材非学校"和"无数智不成教",数字智能技术与教育的融合无处不在,国家数智教材研发体系的建构势在必行。这种变化不仅拓宽了教材的边界,更推动了课堂教学模式从单向传播向互动互学的范式变化。教材的数字属性,使得知识呈现更加多样化,允许使用者以灵活的方式搜索、重组及获取内容,极大地丰富了教学和学习的方式。

本次会议论文集展示了教材建设的丰富实践经验和研究成果。从德育目标与核心素养的教材编写,到利教促学的教材理解与使用,再到作为政策保障的教材管理政策,专家们提出了一系列具有前瞻性的建议和策略。同时,本次会议论文集收录了来自国内外专家学者的精彩论文,涵盖了教材建设的多个方面。从中国自主知识体系中的教材学构建,到交互式数字教材的内涵与价值;从数智时代中小学数字教材建设的实践审视,到德国学校科学教育课程改革的启示,这些论文不仅展示了我国教材学研究的最新成果,也为全球教育同仁提供了交流和学习的平台。教材建设是一个系统工程,需要教育行政部门、学校、教师、专家学者以及社会各界的共同参与和努力。

最后,感谢所有参与本次会议的专家学者,感谢所有关注和支持本次会议的各界人士,感谢会议组织方和各位志愿者们。

陈霜叶　雷　浩

目录

中国自主知识体系中的教材学
.... 陈友芳　001

交互式数字教材的内涵、价值与建设路径
.... 尹巧玲　夏永庚　006

融合发展与文化自信：聋校小学语文教科书中华优秀传统文化内容研究
.... 石　娟　石　鸥　孟宪杰　016

数智时代中小学数字教材建设的实践审视
.... 贾建国　030

南非数字化习题及其对我国数智时代教材建设的启示
.... 诸涵清　李文华　陆吉健　038

高质量数字化教材体系建设的价值意蕴、基本逻辑与实践路径
.... 曲　锐　051

指向跨学科知识的实践：数智时代下德国学校科学教育课程改革的重要特征与时代动向
.... 任　平　061

让个体与学科建立意义联结的知识最有价值——基于学生视角下的科学叙事证据
.... 杨淏璇　唐佳欣　073

对"数智时代什么知识最有价值"的再认识
.... 秦　琳　086

论以表现为目标的统编初中语文教材的写作编写
.... 丁圣俊　094

高质量教材建设何以可能？——基于政策工具分析视角
.... 李　琪　陆卓涛　张雨强　王丹艺　102

中国自主知识体系中的教材学

陈友芳

【摘要】 由于中国独有的制度优势、政治优势、人口优势，教材现象呈现出相对的独立性，折射出教材建设规律的独特性与丰富性，为中国教材学贡献出自主知识体系提供了坚实的基础。构建中国自主知识体系的教材学应该注重生成问题、转化问题、凝结问题的研究，采用以微见宏、多学科研究的方式，遵循从个案到一般的路径构建教材学理论体系。

【关键词】 自主知识体系；教材学；以微见宏

【作者简介】 陈友芳/华南师范大学教育科学学院教授、博士生导师

Textbook studies in China's independent knowledge system

CHEN Youfang

Abstract: The unique national conditions and distinctive advantages of educational textbooks in China underscore the independence of textbook phenomenon and the unique and rich operational principles within this field. This contributes to a shift away from a dependency on Western educational textbook research, fostering the development of an independent theoretical framework, creating a robust academic ecosystem that focuses on curriculum studies, textbook studies and pedagogy. With respect to the construction of a textbook theoretical framework within an independent knowledge system, drawing on my over two decades of experience as the lead author for national standardized high school textbooks, China is capable of contributing significant theoretical perspectives and academic discourse on the generation, transformation and consolidation of textbooks. To establish an independent knowledge system in textbook studies, an approach that integrates both microscopic and macroscopic perspectives, along with interdisciplinary research, is essential.

Key words: independent knowledge system; textbook studies; generation; transformation; consolidation

一、中国教育科学自主知识体系建设应该重视教材学的建设

在中国教育科学研究中最有可能贡献自主知识的是教材学。在教育科学研究中，话语体系建设通常具有两个鲜明的特点：一是大量借鉴国外的范式，二是大量借鉴其他学科的范式。而教材学研究之所以最有可能为中国教育科学自主话语体系建设提供突破性贡献，是因为在国外教育科学研究中教材研究同样处于边缘状态，依附于课程论和教学论，没有形成独立的教材学，这就使得我国教材学的理论建构因为缺乏国外足够强大的理论体系倚靠而不得不创造自己的话语体系，不得不走自己的路。而中国独特的教材编写和使用经验，完全能够让教材学（论）与课程论、教学论并列，形成"三论并列"的研究格局。

正如华东师范大学陈霜叶教授[1]所说的：在支撑教材制度建设的中国方案中，中国教育制度目前最能彰显的优势就在于：第一，众多的师生与教育从业人员；第二，已经分层分工的专业师资队伍体系（特级教师、高级教师、教研员等）与丰富的专业实践共同体实践和动员机制；第三，自上而下强大的系统性的资源、人力动员与组织协调能力，可以实现"集中力量办大事"。在其他国家的教育系统中不会同时具备这三项制度优势。再加上教材建设被上升为国家事权，具有政治优势，以及由于中国巨大的人口优势，是教材建设大国。中国独有的制度优势、政治优势、大国优势为教材学建设提供了丰富多彩的生动样例，充分凸显了教材的丰富特征，凸显了教材建设规律的独特性与丰富性。

中国独特的国情已经凸显了教材现象是一种与课程、教学既相互联系又相互独立的现象。教材既是课程的重要载体，又是教学的重要依据，但是它又并不依附于课程，也不依附于教学，而是具有自身独特的性质、规律和要求，因而完全可以在课程、教学之外，把教材作为一个独立的研究对象，形成独立的学科和独立的话语体系，通过总结这些实践样例，能够让我们更加清楚地解剖教材现象的活动过程，更加准确地发掘教材建设的规律，为中小学教材建设提供坚实的理论支撑。又因为教材与课程、教学有着密不可分的关系，起着承上启下的作用，因此教材学既要关照和支持课程建设，又要关照和支持教学活动。

虽然中国是基础教育教材大国，但目前还算不上是教材理论研究强国。正如习近平总书记所说的，要加强教材建设和管理，牢牢把握正确政治方向和价值导向，用心打造培根铸魂、启智增慧的精品教材。[2]教材建设是国家事权，要构建培根铸魂、启智增慧的精品教材，需要教材学提供坚实的理论指导。

本人既是国内最资深的国家中小学教材主编之一，担任高中统编教材主编已经 20 多年，又是两个国家级基础教育教材重点研究基地的学术委员，不仅对教材建设有着切身的体会，而且对教材建设问题有着深入的研究。[3][4]结合本人的经历和思考，谈谈对中国自主知识体系下教材学建设的思考。

二、教材学建设的三个关键问题

我认为在教材学建设中有三个问题是最有可能贡献出独特知识的,一个是生成问题,一个是转化问题,还有一个是凝结问题。

教材是知识的载体,但它并非学科知识体系的简单复制。教材学的"生成问题"是回答教材知识究竟是谁的知识,即教材知识体系是如何产生出来的。针对生成问题,主流观点认为教材知识是官方知识。到底是谁的知识,根据我 20 多年担任主编的经验,不能笼统地说教材知识是官方知识,我发现教材知识的生成其实是多方博弈的结果。当我们思考到底是怎么博弈出来的,想用博弈论研究教材知识博弈的时候,会发现这个问题非常麻烦,连到底这是一个几方博弈都说不清楚。假设我是老师,在座的有 50 位同学,你不能说是老师和 50 个人在博弈,通常这是一个两人博弈。在这个博弈中,每一方的目标函数、偏好到底是什么也很难说清楚,到底应该刻画为一个动态博弈还是静态博弈,是完全信息博弈还是不完全信息博弈?在这个博弈的时候,各方的权力指数的大小到底是怎么确定的?这些问题都值得我们去深入思考,从生成博弈的角度对中国教材知识的形成进行挖掘。

第二个是"转化问题"。中小学教材至少包括三个方面的转化:学科知识的转化、学科逻辑的转化、学科语言的转化,惟其如此,才能使得抽象的学科知识得以通过符合该学段学生认知特征的方式进入学生的认知世界。从本人二十多年教材编写的经历看,教材建设的中国特色体现为"二重转化现象":第一重转化是学科内容体系向教材内容体系的转化,第二重转化是教材内容体系向教学内容体系的转化。作为教材编写者,需要解决的是第一重转化问题,具体包括学科语言向教材语言的转化,学科逻辑向教材逻辑的转化等具体问题。作为教材使用者的教师,需要解决的是第二重转化问题,具体包括学科语言向课堂教学语言的转化,学科逻辑向课堂教学逻辑的转化等问题。这两重转化问题可以重合,合为一个转化问题,但是在我国,这二者有着明显的区别,属于明显不同的两个转化问题,对比国外的教材,这是我国教材的鲜明特色。因为教材内容体系可能因为教师的主观能动性和教学习惯而被调整,尤其是在新教材使用之初,按照老教材的内容体系理解新教材成为了广大教师的习惯性行为,也因为我国的教材语言和教材逻辑是各种语言与逻辑的折中,并不完全等同于课堂教学语言和课堂教学逻辑,从而在使用时需要进行二次转化。因此,二次转化能力成为中国教师专业成长中必备的关键能力。"二重转化现象"可以视为具有鲜明中国特色的教材建设研究问题。[5]

第三个就是"凝结问题",即教材背后所反映的政治、经济、文化等社会关系。由于教材被视为国家事权,中国大陆中小学教材所凝结的社会关系远远超出那些市场化的国家和地区。我们每个人都是时代之子,所以我们要想了解教材的发展规律,了解教材的真相,必须把教材现象置身于广大的社会关系之中。正像有一位著名历史学家讲的,历史的真相在整体之中。我们教材的真相在整个社会关系之中,所以我们应该像批判教育学所倡导的那样,通过教材去透视教材知识和权力的关系,这里的权力包括政治权力、社会权力、学术权力,看看它们之间是怎么互动的、它们互动的模式有哪些,它们对教材知识的形成最终产生了什么样的影响,又怎么反过来推动了这个社会的进步。

在凝结问题的研究中,还有一个问题值得我们高度重视。正如课程有显性课程、隐性课程之分。在教材知识的形成中,可以发现显性权力对教材知识的影响,但我们还应该高度关注隐性权力,它对教材呈现方式及内容的影响非常大。这里的隐性权力主要是指编写专家、审查专家等相关群体的个人影响力。

总之,对教材学自主知识体系的建设,从本人的经验出发,在这三个领域中国完全可以为世界教育科学贡献出独特的概念和原理。

三、教材学的基本研究方法

为了构建中国自主知识体系的教材学,教材学的研究应该在方式方法上坚持以下两点:以微见宏、多学科研究。

第一,以微见宏是指中国教材学建设应该先做个案研究,先做好特殊性研究。主要包括两个方面的含义:第一个方面是,我们不应该一上来就搭一个教材学的大框架,而是应该先研究各个学科的教材建设使用发展的规律,然后再慢慢地抽象出一般的教材学理论,即先研究学科教材学,再到一般的教材学。第二个方面是,亲身参与教材编写的人应该加入教材学的研究队伍,通过自己亲身的经验,从中提炼出教材理论,因为其他研究者研究教材只能看到文本,而教材编写者能够看到过程。基于过程看到的教材现象,与基于文本看到的教材现象是大不一样的,过程蕴含着丰富的教材学信息,值得研究者高度重视。

第二,教材学研究需要多学科合力。中国自主知识体系下的教材学是相对西方而言,它不是相对其他学科而言的。例如,虽然教材学能够成为独立的学科,但是它难以像经济学那样能够贡献出独特的、强大的分析范式。要对教材学进行建构,必须综合运用心理学、社会学、经济学、政治学、文化学、语言学,还有教育信息技术学等学科的分析范式,对教材现象进行跨学科的综合研究。

华东师范大学课程与教学研究所是国内课程论与教学论研究的"重镇",它应该肩负历史使命,推动中国自主知识体系下教材学的建设,让自己成为课程论、教学论和教材学的研究重镇。教材学建设既是我国推进教育强国建设的实践需要,又是中国教育科学自主话语体系建设的理论需要。推进中国教材学研究要坚持"顶天立地"的原则,顶理论的天,立实践的地,从我国教材建设的广阔实践中生成有价值的理论。因此,中国教材学建设不仅是教育科学研究者的使命,更是教材编写者的使命,教材编写者应该以丰富的实践经验为教材学的理论体系作出自己独特的贡献。

参考文献

[1] 陈霜叶.探索中国教材制度建设的比较优势与可能形态[J].全球教育展望,2019(12):102—116.

[2] 习近平.扎实推动教育强国建设[J].求是,2023(18).

[3] 陈友芳.高中思想政治教材建设的实践探索——以《经济生活》《经济与社会》的编写为例[J].课程·教材·教法,2021,41(1):78—83.

[4] 陈友芳.学科核心素养导向的高中思想政治教材编写的理论与实践探索——以必修2《经济与社会》教材的编写为例[J].课程·教材·教法,2019,39(11):10—16.

[5] 陈友芳.教育强国建设背景下中国教材学建设的定位与关键问题研究[J].新课程评论,2023(12):1—5.

交互式数字教材的内涵、价值与建设路径

尹巧玲　夏永庚

【摘要】 推进教育教学数字化、教材数字化是教育现代化与智能化时代背景下的必由之路。交互式数字教材是由学科专家、教材专家、专业技术人才合力开发的"融合图文、音频、视频、动画、多元化交互模块于一体"的多元学习资源,具有文本非线性、主体交互性、深度情境性等特征,为学习者开启了全新的学习场域,始终陪伴学习的过程并跟踪提供客观的学习反馈。新时代背景下为进一步推动因材施教,交互式数字教材应在数字资源平台建设、数字教材本体设计与数字教材内容呈现等方面进行建设与完善。

【关键词】 交互式数字教材;交互性;学习场域;学习陪伴

【作者简介】 尹巧玲/湖南科技大学教育学院硕士生

夏永庚/湖南科技大学教育学院教授

Interactive Digital Textbooks: Connotation, Value Implication and Constructional Path

YIN Qiaoling　XIA Yonggeng

Abstract: Promoting the digitization of education and teaching, as well as the digitization of textbooks, is a necessary path in the context of educational modernization and intelligence. Interactive digital textbooks are a diverse learning resource developed by subject experts, textbook experts, and professional technical talents, integrating graphics, text, audio, video, animation and diverse interactive modules. They have characteristics such as text nonlinearity, subject interaction, and deep situational nature, opening up a new learning field for learners, always accompanying the learning process, and tracking and providing objective learning feedback. In the context of the new era, in order to further promote personalized teaching, interactive digital textbooks should be constructed and improved in areas such as digital resource platform construction, digital textbook design, and digital textbook content presentation.

Key words: interactive digital textbooks; interactivity; learning field; learning companionship

在人工智能技术突飞猛进的时代背景下,教育向数字化、智慧化方向发展是必然趋势。2018年,教育部发布《教育信息化2.0行动计划》,把"加强智能教学助手、教育机器人、智能学伴、语言文字信息化等关键技术研究与应用"列为"智慧教育创新发展行动"的重要举措。[1] 2022年发布的《义务教育课程方案(2022年版)》要求"充分利用新技术优势,探索数字教材建设"。[2] 数字教材作为智能化的成果,成为教育智能化的重要体现。数字化教材与人工智能技术的深度融合,使得"交互性"成为数字教材的重要特征和新形态。

一、交互式数字教材的内涵与特征

教材作为课堂教学的基本用具,不仅仅是知识的载体,更是学生学习、师生交互的主要内容。然而,交互式数字教材作为教材智能化、数字化的新成果,需要从交互性角度与数字化的角度澄清其本质内涵。

(一)交互式数字教材的内涵

"概念是人类认知思维体系中最基本的单位……学术研究很重要的一个方面就是概念分析,只有概念分析工作做扎实了,后面的论证才有意义。"[3] 要解读交互式数字教材,就需要澄清交互性的内涵。马克思主义哲学认为"人是一切社会关系的总和",人总在自然环境、社会环境与自我的不断交互和对话中,汲取成长的养料、探索生命的意义、获取人格的独立。从教育教学的角度看,"交互是活动存在的方式,包括人与人互动、实际操作以及促进内隐的认知、情感变化的活动行为,交互过程是学习活动设计的一个要素"。[4] 例如,皮亚杰的认知结构过程就呈现了个体发展的交互过程。皮亚杰将认知发展分为四个阶段:感知运动阶段、前运算阶段、具体运算阶段和形式运算阶段。感知运动阶段是个体与物理环境的交互,前运算阶段与具体运算阶段是个体与社会环境的交互,形式运算阶段是个体与自我的交互。个体在交互过程中,感觉环境的变化,感知身体的成长,感悟心灵世界的激荡。从印刷品与人的关系角度来看,斯特沃特·阿肖普(Stewart Alsop)把交互性描述为四个层次:"观看"(watching)、"浏览、导航"(navigating)、"使用"(using)和"编程、控制"(programming),其中"控制"是"交互性"的最佳表现形式,因为读者或用户可以自己赋予内容以含义并控制整个交互体验。[5] 换言之,在纸质化时代,人与书籍的交互是"点到为止"的读写,即通过阅读来促进个人知识积累,通过折叠与使用来扩展书籍的厚度,通过有目的的控制来保障知识的连贯性。然而,在数字化时代,"交互性是一种用于分析人与人之间、人与机器之间以及机器与机器之间交互的广义概念"。[6]

交互式数字教材是在教育信息化与智能化的时代背景下应运而生的新型教材。交互式数字教材既不同于纸质教材,同时又有别于普通电子教材。对比纸质教材,它具有数字化、智能化的特性;对比普通的电子教材,它具有智能交互、人机交互的特点。从工具角度分析,作为超文本的存在,它是由学科专家、教材专家、专业技术人才合力开发的"集成图文、音频、视频、动画、多元化交互模块等多媒体资源"的新型教材[7],超文本、非线性的特征让其拥有丰富的数字资源。作为交互性介质的存在,交互式数字教材突破时空限制,既包括人机之间的智能交互、人机之间的实时交互,还包括知识的编码与解码的交互。作为多情境性的存在,交互式数字教材以其独有的交互式学习情境、探索式问题情境,让学习者从兴趣引导式的"自学",到自主投入式的"好学",进而走向沉浸其中的"乐学"。

从学习的角度分析,交互式数字教材诠释了学习的本质,揭示了"谁在学""学什么""怎么学""怎么评价"。首先,"谁在学"。技术为人服务。交互式数字技术、模拟式数字技术、大数据智慧平台、向导式数字检索技术等都是为了凸显学习主体,让交互式数字教材围绕学习者,让学习者在与数字化交互对话的过程中"成事""成人"。其次,"学什么"。数字网络学习资源。交互式数字教材不同于传统纸质教材,一方面它包含了各版本教科书的共性资源,另一方面交互式数字教材生成了一套针对个体需要、个体兴趣的个性化资源。再次,"怎么学"。交互创新学习场域。学习者不仅能够围绕某一个知识点进行探究式学习,而且能够围绕生活问题进行"实践研究式"的学习,"由知到行、知行合一"。最后,就"怎么评价"而言,交互式数字教材围绕整个学习过程,检测学习成果、提取学习表现、挖掘学习行为、生成学习画像,形成过程性评价,完善整体学习评价。

(二) 交互式数字教材的特征

第一,文本非线性。静态化教材有固定的顺序:从上到下、从左到右或从右到左,一字一句,一篇一页,线性排列组合而成。然而,信息大爆炸时代,个体周围充斥着无数的作者、无尽的文字以及不同的注释、引用与评论,这一切构成了复杂的网络关系。交互式数字教材的出现则帮助我们更为清晰地认识这个复杂的信息网络体系。正如考斯基马所言,"超文本的一个最大优势便是它再现信息的'真实'结构的能力。此外,当信息十分复杂之时,超文本将是再现它的唯一可能方式"[8]。交互式数字教材能够跨越时间限制,将文本从横向上迁移组织起来,增强文本的历史厚度。同时,它也能将关于某一主题的知识、事件与议程等在短时间内建构起知识系统,从纵向上打破作者对于文字编码的垄断,促使文字解码者与作者和知识传授者的相互对话。非线性的超文本内容的出现正预示着数字化教材的变革开启了人类社会知识生产、展示、传播的新模式。

第二,主体交互性。与传统静态教材不同,交互式数字教材在设计和开发时注重用户的交互体验,采用多元互动的模式,将不同的教材资源、多功能的阅读模式、多元化的学习活动以及不同类型的评价方式整合于一体,让不同的学习主体在不同的时间段都能运用与享受数字教材的功能与形态。这种多元互动的形态体现在三个方面:首先,数字教材使用者与教材作者之间的模拟人机交互。数字教材的使用者通过阅读、注释与评论的方式为数字教材增加个性化内容。个人使用教材的过程就是个体与作者视域交互的过程。其次,教材使用者之间的人机交互。使用者在数字教材中的学习情况、学习问题都需要一定的反馈。因此,交互式数字教材通过嵌入网络社区功能来实现师生间的答疑辅导、个性化指导、测验批改，以及学生之间的学习资源共享、家校之间的学习进度过程化监督管理等交互功能。最后，数字教材的使用者与数字智能的人机交互。数字教材的人工智能系统能够为使用者各类问题的解答提供支持，如数学类数字教材教学辅助互动、英语类数字教材口语交际活动，情境化功能帮助使用者解决学习问题。此外，交互式数字教材能为学习者提供有针对性的学习评价。

第三，深度情境性。人往往处于情境之中，如同教学活动离不开实际生活一样，情境不仅是生活的外在条件，更是人身体的延展。情境之于教材，如同调味剂之于食物。交互式数字教材的情境性体现在多元学习活动与精彩的教学设计上。首先，情境激发学习者的兴趣。"兴趣是居间事物，是将儿童与课程教材有机联结起来的最理想方案，作为中间桥梁沟通了儿童基于现有经验的'未完满'状态和未来生长发展的成熟状态。"[9]数字化视听技术激活学习内容，塑造深入的学习情境，帮助学生在刚开始学习时，就受到教材情境的吸引，进入积极自觉的"自学"状态。其次，情境能够调动学习者的知识、文化以及内在情感态度价值观。交互式数字教材塑造合理的问题情境，让学生主动地发现学习问题，自主探索解决问题的方法，调动学习者的文化知识与学习品质，启迪思维与智慧，帮助学习者走向"好学"与"乐学"。"具身认知的情境性观点认为认知是发生在现实的、具体的情境之中的，必然受到具体的物理环境和社会文化背景的影响，因此，认知不仅是具身的，而且是发生在具体情境之中的，情境是身体的延展。"[10]数字教材是另一种独特的身体延展，帮助学习者沉浸式学习。

二、交互式数字教材的实践价值

"数字出版的交互性引发了出版史上的一个大转折，交互从各种维度渐次展开，包括文本的交互、出版机构与读者的交互、编码与解码的交互、人与物的交互、多维度时空交互、社会关系网络交互、权力交互等。"[11]伴随着数字化技术日益成熟，教育人工智能逐步走向"人智协同"。真正的人机交互与协同在于交互式数字教材从学习实质、学习过程、学习反馈等方面，为学习者创新了学习环境、加强了学习对话、完善了学习评价。

（一）交互式数字教材助力学生开启学习场域

从学习实质来思考，交互式数字教材是个体与人工智能协同交互的载体，以临时化、模拟化的学习空间为核心，学习者通过进入全新的学习场域，从学习与理解知识转化为体验具身化实践，将知识与实践融于一体，实现"知行合一"。

"从知到知"：知识在数字中建构。据实而言，知识编码与解码的交互，带给学习者的不仅仅是知识的掌握与积累，更是帮助学习者透过知识理解知识的本质意蕴。其一，学习者通过层层相扣的逻辑链去领悟知识的完整美。与日常碎片化的知识不同，交互式数字教材的编辑者给学习者带来的是一个拥有完整逻辑链的知识世界。在知识世界，学习者能够依据个人兴趣从知识点出发，一探到底，去欣赏社会知识、生活知识的"大平原"，体验知识的完整性。其二，通过交互式数字教材,学习者能够领悟知识的结构美。知识不仅具有涵盖社会与生活的广度,也具有展现智慧与思维的深度。内在学习兴趣激发起学习者向下挖掘的欲望,通过对新知识与新领域的探索,学习者不断以基础知识为框架,以紧密的逻辑为线索,搭建起立体化的"知识高楼"。其三,通过交互式数字教材,学习者能够发现知识的实践美。知识不仅是在"记中学"的知识,更是一种在"做中学""用中学"的知识。数字教材根据其特有的可视化、具身性特点,让学习者"身心一体"地去体验知识"做"与"用"的实践过程。

"由知到行":身体在情境中探索。真理的价值需要实践来检验。交互式数字教材拥有一个功能强大的交互体验板块,交互体验板块包括三种人与环境交互的形式即单一文本视听情境、综合视听立体情境、具身体验情境。在交互板块中,学习者首先体验到的是单一的文本视听情境,即在阅读文本的过程中,通过精美的音频或视频,吸引学习者的眼球,抓住学习者的兴趣,让其愉快地投入学习。综合视听立体情境是指学习者在交互式数字教材的学习过程中,视听触屏技术让"眼、耳、手、大脑"全部投入学习中,沉浸式学习。具身体验情境是指学习者通过学习板块,进入想要体验的实践环境中,通过观察模拟的实践过程或者具身体验实践活动的方式,享受实践的乐趣,体验解决问题的过程。例如,"利用VR/AR的移动交互式数字教材,以智能型的教育服务方式满足学习者的个性化需求。2016年国泰安自主研发的'VR汽车教学软件',就能够创建可完全替代真实实验的模拟环境,通过汽车结构原理认知、基础拆装实训、汽车综合应用实训三大系列,开创教学实训的新篇章"。[12]

质言之,知识的掌握离不开实践,交互式数字教材基于模拟交互技术,将知识与生活问题相联系,依据知识为学习者设置相应的实际问题与实践环境,引导学习者一步步地由知识学习到问题解决再到深入实践,进一步弥合了传统教学中知识与实践的二元分裂,将"身、心与大脑"相统一。交互式数字体验让学习从知识理解出发,由知识理解到心智转化,从心智转化到认知提升,由认知提升到模拟实践。这不仅能够帮助学习者在交互式数字体验中"以身体之""以心验之",而且让学习者的学习过程成为了一个完美的知行合一过程,让其在自身的实践过程中去学习,在自身的实践过程中去收获,在自身的实践过程中去体验,在自身的实践过程中去创造。

(二)交互式数字教材陪伴学生的学习过程

从学习过程来看,交互式数字教材是一个实时学习的学习陪伴。作为一个新的连接通道,交互式数字教材将个体与信息迅速连接。同时,作为一个成长的对照,个体在通过与交互式数字教材的对照与对话,清醒独立地成长并锻炼出健康独立的人格。

第一,浅层陪伴:身体与信息化联通。信息化、数字化大洪流为个体开辟了一条快速且便利的联通世界的通道。一方面,个体与信息的连接,开通了学习新通道。交互式数字教材是纸质教材的更新与拓展,在保障优秀人类文明传承的同时,利用数字技术优势,整合教学资源,为学生打造智能化学习平台,支撑学习活动。同时,交互式数字教材在系统性和综合性的基础之上,为学习者选送、更新、提炼新的知识科学成果,让学习者能够与时俱进,与"信息更新"俱进,让个体不再是智能化进程的旁观者,而是参与者。另一方面,交互式数字教材看似只是一个教学辅助工具,但却是智能时代,学习者探索世界、认识世界的"学习陪伴"。交互式数字教材拥有的智能化、信息化的知识学习库在为学习者提供智能支撑的同时伴随学习者的成长过程、检测学习者的学习成效、帮助学习者改进学习方法、提升学习能力,进而成为个人知识与经历共生的"学习陪伴"。

第二,深层对话:个体与数字化对照。在信息化大洪流中,对数字化的认识、与数字化的对话有助于个体的成长与发展。交互式数字教材带领学习者追寻的不仅是知识与文化,更是在与机器相交过程中个人认知、个人能力、个人智慧的发展。虽然,数字化教材让学习者更快地享有信息与知识,但它给学习者带来容易"上手"的快感却在塑造、影响着个体发展。这种影响会挤压学习者的个体学习意识与自主学习行为,让个人成为学习行为的一部分,进而整个学习活动就陷入"技术理性的疯狂中"。那么,体察数字的"异化",反思交互之本就成为了运用交互式数字教材学习的关键。换言之,沉浸式学习并非耽溺于数字化。学习者需要通过与数字化、智能化运算的对照,照见自我与机械的区别,照见人的独特性;同时学习者需要通过与数字化、智能化的对话,体验数字教材的使用价值、体验价值、交互价值,并觉察个体的独立性。在与数字化教材交互对话的过程中,以理性之思,拆解交互式数字教材的价值,不让信息与数据的洪流使个体在学习的道路上迷失方向。因而,交互式数字教材引领个体去学习、体验、对话的过程本身就是独立探索的过程,是学习者不依赖于外物,清醒、独立、健康成长的过程。

交互式数字教材既是帮助学习的学习陪伴,又是观察、批判与反思的对象。"身份是关于使用变化过程中的而不是存在过程中的历史;与其说是'我们是谁'或'我们来自何方',不如说是我们可能会成为什么,我们一直以来怎样表现以及在我们有可能怎样表现自己上施加了怎样的压力。"[13]时代发展,物换星移,真正的自我成长不是在数字的塑造中明白"我是谁",而是在与新时代、新技术的连接中追寻"我成为了谁"。

(三)交互式数字教材提炼学生的学习反馈

从学习评价反馈的层面分析,交互式数字教材从技术层面,通过学习者对教材的学习与使用,来跟踪学习者的学习情况,收集学习者的学习数据,监测学习者的学习过程,完善对学习者的综合评价。首先,学习者在使用交互式数字教材前,依据个人兴趣以及学习目标,选择相应的学习模块。交互式数字教材针对选择的学习内容生成整体学习画像。其次,在学习者使用交互式数字教材的过程中,交互式数字教材的评价板块会对学习者的学习情况进行实时跟踪。然后,通过对学习者知识掌握情况进行数据收集,对学习者的学习行为、学习结果、学习表现进行深层次的挖掘,分析学习者学习的情感态度与认真程度。继而,通过对整体数据的收集与分析,建立学习者对交互式数字教材使用情况的档案库。最后,交互式数字教材通过对学习者学习画像与学习实际数据进行对比,生成对学习者学习的阶段性评价。此外,学习者在学习的过程中,可以依据个人的学习表现、学习阶段性成绩以及数字教材给与的阶段性反馈进行自我评价,或者是教师依据这些阶段性反馈给出他者评价。自我评价与数字评价的结合,打破了传统评价注重学习结果忽视学习过程与儿童成长的局限,更有助于学习者在人机交互中发现真实的自我,探索真实的自我,建构真实的自我,促进学习者的个性化发展。

三、交互式数字教材的建设路径

综上可知,交互式数字教材为学习者建构了"知行合一"的学习场域,在学习过程中成为学习者学习与反思的对象,同时从学习反馈的方面完善了学习评价。由此,为了实现这些实践价值促进学习者成长,需要从数字资源平台建设、数字教材规范设计以及数字内容呈现方面健全交互式数字教材。

(一) 人才团队整合数字技术,建构数字教材资源平台

首先,在智能技术层面。技术是数字教材的核心要素。交互式数字教材的技术性主要体现在三个层面。第一层面,数字教材的可视化与生动化。交互式数字教材的文字与图像紧密结合,图像皆以高清晰高精美的3D可视化图像为主。而且在排版方面,将文字与视听融合一体,让学习者受到视听的引领,集中学习者的注意力,让学习内容跃然于学习知识、理解知识与知识对话的过程中。第二层面,数字教材的交互性。数字教材的交互是基于学习情境的人机交互,让情境成为身体的延展,通过情境、在情境之中,锻炼能力、增长智慧。例如,实践类的问题,可以通过模拟体验的方式,让学习者了解实践的材料、实践的过程、实践的成本与危险性等有关实践的问题。第三层面,数字化教材的个性化、定制化。数字教材能够更好地评价学习者的学习进度并分析学习者的需求,为学习者制定更为合理的学习计划,匹配个性化的学习内容,为学习者量身定制多元化的课程,同时能追踪学习者的学习情况并定时反馈。这三个层面的技术要恰如其分地结合并成为交互式数字教材的核心。

其次,在人才团队方面。要让支撑学生智能化、探究性的学习活动发生,让体验性、交互性、沉浸性、探究性的学习活动得以组织与开展,毋庸置疑,数字化教材的人才开发团队起着关键性作用。在数字教材编写阶段,需要专业的教材专家遵循教材编写目标、选定文本教材内容,同时需要可视化处理的技术人才,针对教材内容添加视听模块、交互活动模块等加强教材的互动功能。在数字教材整体编排阶段,需要教材专家与数字技术人才通力合作,将交互式数字教材按规定的原则排列组合,打破原有排版顺序,增加数字教材的厚度,让教材向"学材"转化,以学习者为中心,实现数字化育人目的。

(二)育人目标规范数字技术,强化数字教材本体设计

第一,数字教材不能沉迷技术的泥淖,偏离全面育人方向。技术给人类带来了更方便快捷的生活,促进了经济的繁荣与社会的发展。人们无处不在享受技术快速发展带来的"红利"之中。交互式数字教材以技术为支撑,没有数字化技术就没有数字化教材。但是,人们往往陷入一种错误,即技术是社会发展的最终归属。"社会发展离不开技术,技术支配了人类的日常生活。但是技术的本质应该既包括客观因素,又包括主观因素,工具、设备或手段只是技术的外壳,并不是技术的全部,技术的灵魂是精神因素,或称为理性因素,包括知识、理论、思想观念、方法和策略等。"[14]数字化教材使用的数字化技术包含视听化技术、数字排版技术、交互式设计技术等,这些技术让交互式数字教材变得立体、丰富、有趣,但是教材为教育教学服务。育人是交互式数字化教材的出发点与落脚点,"培养德智体美劳全面发展的社会主义建设者和接班人"是《义务教育课程方案(2022年版)》规定的教育目标,这明确了数字化教材的发展方向。交互式数字教材强调教材不是单纯的读物或阅读材料,"它不同于期刊、电影、电视等其他大众媒体,它把培育人作为自己的使命和最终目的,也在培养人、服务人的过程中体现着自己的价值"。[15]因此,交互式数字教材不能沉浸于数字化技术的泥淖,从而忽视育人的本质要求。

第二,数字教材不能陷入"利益陷阱",要健全数字教材的监督与评价体制。交互式数字教材从设计到最后成品出版需要经历教材内容遴选、设计队伍组建、数字化编辑、教材定价、教材发行等多个环节,任何一个环节都涉及不同群体的利益。因此,交互式数字教材的开发与发行不能偏离教材的育人方向。以"立德树人"为目标,健全数字教材的监督与评价体制,需要遵循"三不离原则"。第一,遵循党领导下的育人原则,不能离开育人原则谈数字教材。第二,遵循技术与规范相结合的原则,不能离开教材规范谈数字技术个性发展。第三,遵循监督与自我监督相结合原则,不能离开教材的评价与监督谈数字化教材单行道发展。因此,需要在数字化教材开发前、开发过程中与开发之后的阶段设置相应的监督评价体制机制,保障交互式数字教材的中国化、特色化与育人性。

(三)数字技术融通教材内容,呈现多元化学习内容

交互式数字教材拥有海量的知识与数据,如何让学习者更好地汲取与利用这些知识与数据成为关键。为建成时时可学、处处能学、人人皆学的终身学习体系,同时保障学习的系统性与完整性,交互式数字教材的数字技术成为教材内容呈现的重要支撑。

其一,在教材内容方面,交互式数字教材采取主题导向的跨学科知识编排方式。相较于传统纸质教材,交互式数字教材的一大优势是数字教材不仅为学习者提供海量的公共学习资源,同时针对个性化、专门化的发展为学习者定制专门的学习内容。主题导向的编排方式既符合单一学科的编排原则,同时能够让跨学科知识融汇于一个学习主题。数字技术融通教材内

容,让学习者依据个体学习计划、学习兴趣,选择不同的学习主题,各学习主题从单一的知识观点切入,由一种知识向相关知识联结,从一种知识向多层次知识建构,由单一的学科知识点到综合知识面再到跨学科知识群,由点到面、由浅入深,保障学习者学习的个性化与连贯性。但同时,学习者要发挥"人"的能动性,掌握数字化赋予的数字学习技能与数字素养,让数字技术拓展个人思维,降低认知负荷,建构高阶思维。

其二,在知识呈现方面,交互式数字教材采用动(情境变化)静(知识逻辑)结合的呈现方式。交互式数字教材相较于传统教材的另一大优势则是交互式数字教材拥有一个情境交互模块。基于数字化情境技术,学习者能够进入"横看成岭侧成峰"的动态学习世界。单个的词汇或者句子由简单的图片呈现,复杂化的知识内容则利用视听化技术动态呈现,让学习者深入学习内容之中。同时,针对实践运用型的知识,则采取模拟情境化的方式,让学习者通过实践的、有序的参与,激发学习者的逻辑思维、增强实践能力、培育实践智慧。从表达方式上看,情境模块是显性的知识学习的方式,但实际上,情境中知识是一个知识点套着下一个知识点,构成了隐性的知识逻辑结构,由知识逻辑通达学习者的高阶思维。"利用智能技术、虚拟技术的实景模拟功能创设教学情境,将抽象知识具象化,有利于打造基于视觉注意的感官体验、基于认知发展的思考体验、基于合作学习的活动体验、基于虚实场景的具身体验、基于创客的生成体验,从而激发学习兴趣,让学生在情境中发生知识建构,由知识通达思维。"[16]

参考文献

[1] 教育部关于印发《教育信息化2.0行动计划》的通知[EB/OL].(2018-04-18)[2018-04-18]. http://www.moe.gov.cn/srcsite/A16/s3342/201804/t20180425_334188.html.

[2] 中华人民共和国教育部.义务教育课程方案(2022年版)[S].北京:北京师范大学出版社,2022:12.

[3] 张艳涛.对分析马克思主义的反思与批判——以罗德尼·佩弗的《马克思主义、道德与社会正义》为例[J].理论学刊,2018(3):18—23.

[4] 杜若,张晓英,陈桄.学习活动设计问题分析与交互式数字教材建设[J].中国远程教育,2018(8):54—62.

[5] Alsop, S. Real choice, not just more work: that's what makes the web truly interactive [J]. InfoWorld, 1995(32):82.

[6] 盖恩,比尔.新媒介:关键概念[M].刘君,周竞男,译.上海:复旦大学出版社,2015:96.

[7] 李雅筝,周荣庭,何同亮.交互式数字教材:新媒体时代的教材编辑及应用研究[J].科技与出版,2016(1):75—79.

[8] 考斯基马.数字文学:从文本到超文本及其超越[M].单小曦,陈后亮,聂春华,译.桂林:广西师范大学出版社,2011:61.

［9］郭元祥,慕婷婷.论基于学生兴趣的教学[J].当代教育科学,2022(6):3—8.

［10］焦彩珍.具身认知理论的教学论意义[J].西北师大学报(社会科学版),2020(4):36—44.

［11］孙玮,李梦颖.数字出版:超文本与交互性的知识生产新形态[J].现代出版,2021(3):11—16.

［12］中国网.VR教育:教学实训新突破,国泰安VR汽车入课堂[EB/OL].(2016-11-29)[2016-11-29].http://www.techweb.com.cn/news/2016-11-29/2441141.shtml.

［13］霍尔,杜盖伊.文化身份问题研究[M].庞璃,译.开封:河南大学出版社,2010:4.

［14］李芒.论教育技术是"主体技术"[J].电化教育研究,2007(11):59.

［15］张增田,陈国秀.论数字教科书开发的未来走向[J].课程·教材·教法,2021(2):37—42.

［16］白倩.由知识通达思维:融入发生建构思想的教学设计[J].当代教育科学,2022(5):17—26.

融合发展与文化自信：
聋校小学语文教科书中华优秀传统文化内容研究

石 娟 石 鸥 孟宪杰

【摘要】与普通教育的统编语文教科书一样，聋校小学语文教科书也承担着培根铸魂、启智增慧的教育使命，是实现立德树人根本任务、坚定文化自信的重要载体。基于文献研究将传统道德精神文化、传统民俗文化、传统文学文化、传统艺术文化、传统历史文化、传统语言文化确定为聋校小学语文教科书的6个一级类目和18个二级类目，运用内容分析法对聋校小学语文教科书选文中的中华优秀传统文化内容展开系统梳理与分析。研究发现，聋校小学语文教科书强化传统道德精神文化特别侧重其中的忠心爱国的内容，重视传统语言文化内容以凸显聋校语文教科书特色，注重全面融入中华优秀传统文化内容以坚定文化自信。聋校小学语文教科书秉持普特融合的理念使得内容编排符合聋生身心发展，应适当增加特殊儿童的相关选篇以呈现更有温度的教育内容，教师应提升自身文化素养以增强教科书使用成效。

【关键词】融合发展；文化自信；聋校小学语文教科书；中华优秀传统文化

【作者简介】石娟/西华师范大学教师教育学院教授
　　　　　　石鸥/首都师范大学教育学院教授
　　　　　　孟宪杰/西华师范大学教育学院硕士研究生

Integrated Development and Cultural Confidence: A Study on the Content of Chinese Excellent Traditional Culture in Primary Chinese Textbooks for Deaf Schools

SHI Juan   SHI Ou   MENG Xianjie

Abstract: Like the unified Chinese textbooks of general education, elementary school Chinese textbooks for deaf schools also have the educational mission of cultivating the roots and casting the soul, enlightening the intellect and increasing the wisdom, and they are an important carrier for realizing the fundamental task of cultivating morality and building up the students and firming up the cultural self-confidence. Based on the literature study, traditional moral and spiritual culture, traditional folk culture, traditional literature and culture, traditional art and culture, traditional history and culture, and traditional language and culture were identified as six primary categories and 18 secondary categories in primary Chinese textbooks for deaf schools, and the content analysis method was applied to systematically sort out and analyze the contents of Chinese excellent traditional culture in textbooks. The study found that elementary school Chinese textbooks for the deaf strengthen traditional moral and spiritual culture with special emphasis on loyalty and patriotism, emphasize traditional language and culture to highlight the characteristics of primary school Chinese textbooks for the deaf, and focus on comprehensively integrating the contents of Chinese excellent traditional culture to strengthen cultural confidence. Deaf school elementary school Chinese textbooks uphold the concept of integration of universal and special to make the content arrangement in line with the physical and mental development of deaf students, should be appropriate to increase the selection of children with special needs in order to present a more warm educational content. Teachers should improve their own cultural literacy in order to enhance the effectiveness of the use of textbooks.

Key words: integrated development; cultural self-confidence; elementary school Chinese textbooks for the deaf; Chinese excellent traditional culture

一、问题的提出

中华优秀传统文化博大精深、底蕴深厚,是中华民族的集体记忆与社会主义现代化的重要精神来源,是坚定文化自信、铸牢中华民族共同体意识不可或缺的精神支持与宝贵财富。学校教育应深入挖掘教科书中的中华优秀传统文化,推动中华优秀传统文化的创造性转化和创新性发展。在学校教育中,特殊儿童与普通儿童享受同等的受教育权利,同样接受中华优秀传统文化的熏陶和洗礼,借助教科书文本引导特殊儿童铸牢中华民族共同体意识,坚定文化自信,将其培养为堂堂正正的中国人。特殊儿童中的聋生因自身的生理障碍,获取信息的途径受限,教科书文本成为其获取知识、感知世界、体悟经典的最直接、最有效的途径。就聋校小学语文教科书而言,教科书将普遍性与特殊性相结合,以融合发展之路坚守中华文化立场,坚定文化自信,引导学生具有爱国主义、集体主义精神和民族精神,热爱社会主义,继承和发扬中华民族的优秀传统和革命传统,成为有理想、有道德、有文化、有纪律的一代新人。[1]

国内学者对聋校语文教科书从不同主题展开文本内容的实证研究,如语文要素分析、[2]语言交际功能分析、[3]编写特点分析、[4]插图分析、[5][6][7]劳动教育等,[8]部分学者还给出了关于聋校语文教科书用于课堂教学的对策建议[9][10],有学者对低学段语文教科书进行了传统文化元素的统计分析。[11]然而,关于聋校小学1—6年级语文教科书中华优秀传统文化内容的系统性研究相对较少。因此,本研究试图建构关于聋校小学语文教科书中华优秀传统文化内容的分析框架，对其进行系统性的统计分析与梳理，全面剖析中华优秀传统文化在聋校小学语文教科书中的整体情况，以期为我国聋校语文教科书建设提供理论参考。

二、研究对象和方法

（一）研究对象

本文所研究的聋校语文教科书均为人民教育出版社出版发行的《聋校义务教育实验教科书·语文（1—6年级）》（下文称"聋校小学语文教科书"），版本及构成信息如表1。

表1 聋校小学语文教材版本及构成信息

年级	上、下册	版本	单元数	构成
一年级	上册	2017年8月第一版	6	必学课程、选读课文部分、常用笔画名称表、识字表、写字表、汉语手指字母指示图
	下册	2017年11月第一版	6	必学课程、选读课文部分、识字表、写字表、常用偏旁名称表
二年级	上册	2018年7月第一版	6	必学课程、选读课文部分、识字表、写字表、常用偏旁名称表
	下册	2018年11月第一版	6	必学课程、选读课文部分、识字表、写字表、常用偏旁名称表
三年级	上册	2019年7月第一版	6	必学课程、选读课文部分、识字表、写字表
	下册	2019年10月第一版	6	必学课程、选读课文部分、识字表、写字表
四年级	上册	2020年7月第一版	6	必学课程、选读课文部分、识字表、写字表、词语表
	下册	2021年1月第一版	6	必学课程、选读课文部分、识字表、写字表、词语表
五年级	上册	2021年7月第一版	6	必学课程、选读课文部分、识字表、写字表、词语表
	下册	2021年11月第一版	6	必学课程、选读课文部分、识字表、写字表、词语表
六年级	上册	2022年6月第一版	6	必学课程、选读课文部分、识字表、写字表、词语表
	下册	2022年12月第一版	6	必学课程、选读课文部分、识字表、写字表、词语表

（二）研究框架

"传统"是一个自带延续属性的概念，当"传统"和"文化"相遇，中华优秀传统文化的"静水流深"便跃然于纸上。钟敬文认为传统文化是一个较为宏大的概念，从概念上一般特指中华优秀传统文化，狭义的"传统文化"是指精神文化，如伦理、宗教、民俗、哲学、科学及艺术等，广义的"传统文化"除精神文化外，也包括物质文化和各种社会制度（如政治、法律、经济、教育等）；[12]李宗桂对于"文化"内涵的理解从观念形态出发，认为"文化是反映其思维方式、价值取向、理想人格、国民品性、精神风貌、审美情趣等精神成果的总和"；[13]田广林与张岱年、程宜山认为文化系统是具有创造性的、动态的，"文化"是"人类主体通过各种有意识、有目的实践活动，实现的对于自然和社会客体的适应、利用和改造"，[14]"是一个包含多层次、多方面内容的统一的体系……包含思想、意识、观念等；文物；制度、风俗三个层次"。[15]已有研究对中华优秀传统文化的内涵和维度做了较为细致的划分，不同学者依据不同的标准将中华优秀传统文化划分为不同的维度，总体而言大致包括传统道德文化、传统民俗文化、传统文学文化、传统艺术文化、传统历史文化、传统语言文化等方面。

表2 中华传统优秀文化的构成

研究者\构成	传统道德文化	传统精神文化	传统民俗文化	传统文学文化	传统物质文化	传统艺术文化	传统历史文化	传统科技文化	传统语言文化	传统建筑文化	传统政治文化	传统宗教文化
钟敬文	√	√	√		√	√		√		√		
李宗桂	√	√				√						
田广林	√	√	√		√					√		
张岱年 程宜山	√	√	√	√						√		

就传统道德文化而言，有学者从和合、伦理、知行合一等方面展开研究。[16]有学者将中华传统精神文化划分为六部分，即道家思想、贵和尚中、崇德重义、道统观念、文化中国、人文精神。[17]因此，本研究将传统道德精神文化划分为律己修身、仁爱与人、立德齐家、忠心报国等4个二级类目。

就传统民俗文化而言，有学者从物质、社会、精神、语言四个角度对传统民俗进行了总结[18]，有学者将前文提到的语言民俗概括为口承语言民俗。[19]根据聋校小学语文教科书内容，本研究将传统民俗文化划分为传统节日、传统民风民俗及专属符号等3个二级类目。

就传统文学文化而言，有学者将传统文学划分为古诗词、文言文、古代寓言、神话故事四个大类，[20]基于聋校语文教材中未编排文言文，因此，将传统艺术文化划分为古诗词曲和寓言、神话、民间故事2个二级类目。

就传统艺术文化而言，结合已有研究和聋校小学语文教科书的基本内容，将传统艺术文化分为亭台楼阁桥、科技工艺、琴棋书画曲艺3个二级类目。

就传统历史文化而言，有学者从历史人物和历史事件两个维度研究传统历史文化。[21]由于通常历史人物的事迹和历史事件相互重合，在选文中难以将其严格区分，因此，本研究参考学界对中国历史分期，以1840年、1919年为界，将传统历史文化划分为古代历史文化、近代历史文化以及现代历史文化3个二级类目。

就传统语言文化而言，有学者将传统汉语言文字文化分为成语、对联、民俗谚语、书法等；[22]有学者从成语、谚语、歇后语、字谜、对子歌、绕口令、蒙学等对传统汉语言文化展开研究。[23]本研究中从汉字、拼音、语言作品的表现形式上将传统语言文化分为了识字写字、汉语拼音、语言形式3个二级类目。

在已有研究基础上，结合《中华优秀传统文化进中小学课程教材指南》《完善中华优秀传统文化教育指导纲要》中对中华优秀传统文化的界定以及聋校语文教材的基本内容，本研究将中华优秀传统文化的一级类目确定为传统道德精神文化、传统民俗文化、传统文学文化、传统艺术文化、传统历史文化、传统语言文化。由于物质与建筑算是中华传统优秀艺术文化的实体表现,因此,将传统物质文化、传统建筑文化、传统科技文化纳入传统艺术文化一类中;除此之外,将并没有特别清晰界限的思想道德和价值精神合而为一,称为传统道德精神文化。最终,将传统道德精神文化、传统民俗文化、传统文学文化、传统艺术文化、传统历史文化、传统语言文化确定为聋校小学语文教科书的 6 个一级类目,进而细分为 18 个二级类目,以此构建聋校小学语文教科书中华优秀传统文化内容的分析框架(见表3)。

表3　聋校小学语文教材中华优秀传统文化内容的分析框架

一级类目	二级类目	类目说明
传统道德精神文化	律己修身	从道德、行为方面要求自己
	仁爱与人	与家人以外的同学、老师、朋友和谐、友好相处
	立德齐家	对家人关心热爱、感恩父母、疼爱兄弟姐妹
	忠心爱国	包括国旗、国歌、伟人在内的中国形象元素;传递爱国主义精神、愿意为国牺牲精神
传统民俗文化	传统节日	春节、端午节、元宵节、劳动节、泼水节
	传统民风民俗	传统节日大家的饮食习惯、着装习惯
	专属符号	姓氏、图腾、象征
传统文学文化	古诗词曲	唐诗、宋词、元曲
	寓言、神话、民间故事	古代著作、民间传说、寓言、神话改写的故事
传统艺术文化	科技工艺	四大发明、手工艺
	亭台楼阁桥	传统建筑,包括房屋、军事修缮、桥梁
	琴棋书画曲艺	乐器、棋艺、书法、绘画、戏曲
传统历史文化	古代历史文化	1840 年之前的名言名句、人物事迹
	近代历史文化	1840 年至 1919 年的名言名句、人物事迹
	现代历史文化	1919 年之后的名言名句、人物事迹
传统语言文化	识字写字	字形、字音、字义
	汉语拼音	声母、韵母的教学
	语言形式	成语、童谣、对子歌、俗语、谚语、儿歌

(三) 研究方法

1. 内容分析的数据统计规则

聋校小学语文教科书涉及 1—6 年级,每个年级上、下两册,共计 12 本,计算和统计规则如下:

(1) 以每个单元中的一篇课文为一个单位进行分析和统计,如遇到《古诗二首》《寓言二则》等内含两个内容,但也视为一篇课文,在二级类目下计数 1;

(2) 以二级类目下的"类目说明"作为是否选入二级类目的标准,若符合要求,则在该二级类目下计数 1;

(3)当一篇文章同属于两个二级类目时,分别在这两个类目上计数1,且最多在每个二级类目计数1,如三年级上册的《春节童谣》从内容上属于传统民风民俗,但是在形式上属于童谣,所以需要分别在传统民风民俗和语言形式的二级类目下计数1;

(4)每个一级类目下的二级类目计数总和为该一级类目的数量。

2. 信度检验

内容分析的信度是指两个以上参与内容分析的研究者对相同类目判断的一致性。一致性越高,内容分析的可信度就越高,反之亦然。信度检验的程序如下:(1)两位编码员了解分析框架的内涵以及具体的统计方法;(2)两位编码员独立完成八年级上册教材的编码;(3)将编码数据纳入霍斯提公式进行信度检验。霍斯提公式为 R=2M/(N1+N2),其中 R 为相互认可度,M 为编码员间一致同意的编码数,N1 为编码员1得出的编码数,N2 为编码员2得出的编码数。

在本研究中,由编码员1和编码员2按照类目说明分别对聋校语文一、二年级上、下册的选文进行中华传统优秀文化内容的统计,编码员1与编码员2分别统计的结果为48、47,一致同意编码数为45,计算信度,得出信度系数为94.74%,说明研究过程一致性高,本研究的信度较好。

三、研究结果与分析

基于构建的分析框架,综合运用文献研究法、内容分析法、数理统计分析法等多种研究方法,对聋校小学语文教科书中华优秀传统文化内容进行系统的梳理与统计分析,得出聋校小学语文教科书中华优秀传统文化内容基本分布情况。

(一)聋校小学语文教科书中华优秀传统文化内容的整体情况

1. 聋校小学语文教科书中华优秀传统文化内容在各年级的分布情况

据统计,聋校小学1—6年级语文教科书总选文量为310篇,其中含有中华优秀传统文化的文章数量为115篇,占全部选文数量的37.10%。各个年级的中华优秀传统文化选文量与占该年级总选文量的比例如表4所示,可以看出聋校小学1—6年级语文教科书中,中华优秀传统文化的选文比例分别为56.00%、38.46%、32.69%、23.08%、34.62%、38.46%,呈现出先下降后上升的趋势。

表4 聋校小学语文教科书中华优秀传统文化内容的年级分布

选文数量 \ 年级	一年级	二年级	三年级	四年级	五年级	六年级	合计
含有中华优秀传统文化的选文数量	28	20	17	12	18	20	115
各年级选文的数量	50	52	52	52	52	52	310
比例(%)	56.00	38.46	32.69	23.08	34.62	38.46	37.10

2. 聋校小学语文教科书中华优秀传统文化内容在各一级类目的分布情况

聋校语文教材中有关于中华优秀传统文化的选文数量为115篇,一级类目下的选文计数为149次。① 按照阶梯排布呈现趋势(图1),传统道德精神文化和传统语言文化处于第一阶梯,各为40次,占比均为26.49%;传统文学文化和传统历史文化处于第二阶梯,分别为31次和20次,占比分别为20.53%、13.25%;传统民俗文化、传统艺术文化处于第三阶梯,分别为11次和9次,占比分别为7.28%、5.96%。

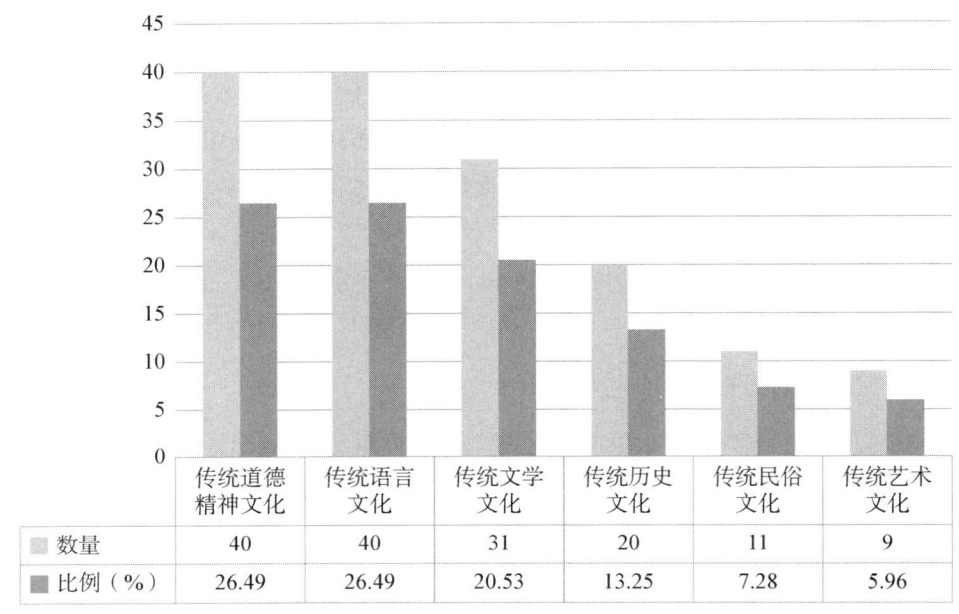

图1 聋校小学语文教科书中华优秀传统文化内容的各一级类目分布

(二)聋校小学语文教科书中华优秀传统文化内容的具体分析

在对聋校小学语文教科书中华优秀传统文化内容在各一级类目统计分析的基础上,对其在各二级类目的具体分布情况作出详细梳理与统计(表5)。

表5 各级类目中华优秀传统文化内容的数量及比例

一级类目	二级类目	数量	比例(%)
传统道德精神文化	律己修身	7	4.64
	仁爱与人	7	4.64
	立德齐家	10	6.62
	忠心爱国	16	10.60

---

① 所有一级类目下出现的中华优秀传统文化的计数总和。如规则(3),部分文章同时属于两个二级类目,则一级类目下的选文计数会远超过选文总数。

续 表

一级类目	二级类目	数量	比例(%)
传统民俗文化	传统节日	5	3.31
	传统民风民俗	5	3.31
	专属符号	1	0.66
传统文学文化	古诗词曲	6	3.97
	寓言、神话、民间故事	25	16.56
传统艺术文化	科技工艺	4	2.65
	亭台楼阁桥	3	1.99
	琴棋书画曲艺	2	1.32
传统历史文化	古代历史文化	11	7.28
	近代历史文化	1	0.66
	现代历史文化	8	5.30
传统语言文化	识字写字	6	3.97
	汉语拼音	16	10.60
	语言形式	18	11.92

1. 根植爱国思想，弘扬传统道德精神文化

传统道德精神文化的各二级类目占比分别为律己修身4.64%、仁爱与人4.64%、立德齐家6.62%和忠心爱国10.60%。

关于律己修身内容总计有7处，主要集中在一年级至三年级及六年级，选文中从儿童视角出发，文中的小主人公从道德、行为方面严格要求和规范自己，不断审视自己是否符合公民道德规范要求。教材内容引导聋生在感知、体验中理解与践行社会道德规范，使其养成诚信、正义、有责任等良好品质。如，三年级下册的《我不能失信》是一篇关于诚信的经典选文，引导聋生养成"我不能失信""人无信，则不立"的优秀品质。聋校语文教科书选文多采用小故事的方式化抽象为具体，化深奥为浅显，以贴合儿童实际的表达实现律己修身的教学效果。

关于仁爱与人内容总计有7处，在一年级上册、二年级上下册、三年级上册、四年级上册均有体现，其中，二年级所含篇目最多，共计3篇。仁爱与人主要体现与家人以外的同学、老师、朋友和谐、友好相处。《拔萝卜》中及时给予他人帮助的老公公、《小山羊》中朋友间相互分享的社会行为，均旨在引导聋生学会与人友好相处，养成仁爱之心，使其体悟他人温暖的同时学会给予他人温暖，树立积极乐观的生活态度，感受生活的美好与世界的温暖。

关于立德齐家内容总计有10处，在一年级上下册、二年级下册、三年级下册、五年级上册均有体现，体现最多的为二年级下册。立德齐家的相关选文主要以描写一家人在一起的欢乐、幸福的场面为基础，表现家庭成员间尊老爱幼、兄友弟恭、父慈子孝。一年级上册《我爱我的家》以最直白、清晰的话语表达"我爱我的家，家里有爸爸和妈妈"；二年级下册的《借生日》引导学生体会妈妈的辛苦，感恩妈妈的付出，以通俗易懂、浅显明了的语言教导学生从小学会关爱家人、学会感恩、学会同理。

关于忠心爱国的内容共计有16处,在整个小学段的语文教科书中均有分布,比较集中地分布在二年级上、下册以及四年级下册,主要涉及国旗、国歌等中国形象元素及传递爱国主义精神、为国牺牲的英雄事迹。一年级下册《升国旗》、二年级上册《家》《我爱祖国》《祖国多么广大》、四年级下册《难忘的泼水节》《雷锋叔叔,你在哪里》《北京》等选文从不同视角展开爱国叙事,创设身临其境的情境,以具象化的语言拉近与聋生的心理距离,帮助聋生深刻理解"小我"和"大我"、"小家"和"大家"的关系,使其感悟祖国山河的壮美秀丽、中华民族的勤劳智慧,培养其热爱祖国的深厚情感,铸牢中华民族共同体意识。

2. 节日民风介绍,提升传统民俗认同

传统民俗文化各二级类目占比分别为传统节日3.31%、传统民风民俗3.31%、专属符号0.66%。

传统节日以及传统民风民俗的内容分别为5处,主要以中国的传统节日为主,二年级下册介绍端午节的《端午粽》一文,在介绍端午节之后又围绕端午节的习俗展开,端午节要吃粽子,课文最后提到据说端午节吃粽子"是为了纪念爱国诗人屈原"。课文在引导学生了解传统节日的由来与风俗的基础上,注重对学生爱国情怀的培养,帮助学生树立民风民俗自信,提升爱国主义精神。

专属符号指那些已经被大家公认是中华民族传统文化的标识,并且和中国传统文化息息相关的文字和图案符号,专属符号的内容仅有1处,即二年级下册的《姓氏歌》,它是依据传统蒙学读物《百家姓》编写的一首韵律识字儿歌,通过对问对答的方式,将常见的姓氏,寓于朗朗上口的儿歌之中,不但为聋生创设轻松愉快的语言环境,激发其识字兴趣,也有助于聋生熟悉中国的传统姓氏文化,体悟姓氏文化的深厚底蕴与内涵,感悟中华优秀传统文化的精髓与魅力。

3. 作品类型丰富,全面提升学生文学素养

传统文学文化各二级类目占比分别为古诗词曲3.97%、寓言、神话、民间故事16.56%。

关于古诗词曲的内容共有6处,分别是四、五、六年级上、下册,其中除六年级下册的篇名为《古诗三首》外,其他的都为《古诗二首》。四年级上册的《池上》是一首充满了童真童趣的小诗,描述了一个小娃偷采白莲的情景,在这首诗中,不但有细致逼真的动作描写,还有充满童趣的心理描写,具有强烈且浓郁的生活气息,文笔曲折有致,读起来朗朗上口。古诗词曲选文引导聋生感受古诗词曲语言的美妙,感悟古诗词曲的意境悠长,体悟中华优秀传统文化的丰厚底蕴,拓展聋生的文学视野,陶冶其情操。

寓言是一种借助简短的故事来说明一个道理的故事形式,富有哲理性。寓言、神话、民间故事的内容为25处,包括寓言、民间传说、民间神话等形式。三年级下册的《鲁班造锯》是民间传说改写的经典代表,引导学生学会细心观察生活,做一个生活中的有心人;四年级上册《寓言二则》中的《亡羊补牢》和《揠苗助长》两则寓言,教给学生做人的道理,养成正确的价值观;五年级下册的《女娲补天》是一篇代表性的中国古代神话,以精彩的语言描绘了女娲补天的过程,培

养学生的想象力和创造力。聋生语文教科书选文以多元类型的文本开展阅读教学,引导聋生阅读,加强对文本内容的记忆与理解,培养对文本情感的感悟与体验,使其在阅读中获得思想启迪,享受阅读的乐趣,拓展其运用语言文字认识世界的意识与能力,全面提升其文学素养。

4. 艺术文化多彩纷呈,提升学生艺术修养

传统艺术文化各二级类目占比分别为科技工艺 2.65%、亭台楼阁桥 1.99%、琴棋书画曲艺 1.32%。

以四大发明和手工艺为代表的科技工艺内容共有 4 处。除五年级上册《纸的发明》外,其余的三篇全部位于六年级下册,分别为《纳米技术就在我们身边》《呼风唤雨的世纪》以及《夜间飞行的秘密》。《纳米技术就在我们身边》一文运用列数字、举例子、作比较的说明方法,向学生生动形象地介绍了纳米技术在生活中的应用及纳米技术的广阔前景,激发学生对于科学技术的向往及热爱之情,培养其科学精神和创造精神。这类选文出现在小学高年级,在引导聋生学会说明文的写作手法的同时,使其理解科技工艺的相关术语,培养学生科学技术的探索意识与思维能力,为培养科技创新人才奠定基础。

亭台楼阁的内容共有 3 处,集中出现在五、六年级。五年级下册的《赵州桥》无论是两条"相互纠缠在一起""嘴里吐出美丽的水花"的龙,还是"前爪相互抵着""各自回首相望"的飞龙,我国建桥史上的这一创举无不体现出劳动人民的智慧和才干。六年级下册的《颐和园》运用移步换景的写法,由近及远、由清晰到模糊,虚实掩映,在一条完整的游览路线中体会语言表达之美、内容设计之巧、写作手法之妙,以感受古代皇家园林建筑的精妙绝伦,引导聋生树立保护中国历史文化遗产的使命与担当。

琴棋书画曲艺的内容有 2 处,为五年级下册的《清明上河图》以及《学京剧》,主要是指以乐器、棋艺、书法、绘画、曲艺为主体的篇幅体现。《清明上河图》是一幅我国的古代绘画著作,引导聋生感悟历史,理解中华艺术瑰宝的璀璨与辉煌;《学京剧》引导聋生理解京剧的博大精深,激发其对国粹的热爱,在传统美学的熏陶中树立深厚爱国情怀和民族自豪感。

5. 纵览历史文化,引导学生树立正确的中华民族历史观

传统历史文化各二级类目占比分别为古代历史文化 7.28%、近代历史文化 0.66%、现代历史文化 5.30%。

古代历史文化的内容共 11 处,除一年级以外的五个年级中均有分布,六年级上册的篇幅最多。三年级上册《司马光》讲述了童年时期的司马光依靠自己的智慧成功救出小伙伴的故事,引导聋生养成勤于思考、善于观察、冷静决断的良好品质。六年级上册《手不释卷》讲述三国时期吴国大将吕蒙在孙权循循善诱的教导下改变与成长的故事,使聋生理解读书学习对于个人成长、社会发展与国家进步的价值与意义。以史明志,知往鉴来。聋校语文教科书中的一则则古代历史故事引导聋生撷取古人智慧,明确自我规划,做有理想、有本领、有担当的时代新人。

近代历史文化的内容仅有 1 处,四年级下册《不懂就要问》讲述了中国近代民主主义革命

先驱、三民主义的倡导者孙中山少年时期在私塾学习时,壮着胆子向先生提问的故事。选用伟人少年时期的故事,语言通俗却又蕴含道理,引导聋生以伟人为榜样,向伟人学习,养成"不懂就要问"的好习惯,树立勤学好问的良好品质与行为习惯。

现代历史文化的内容有 8 处,二年级下册《吃水不忘挖井人》讲述了革命战争时期,毛主席为解决当地吃水难的现实问题,带领大家挖了一口井,表现了毛主席一心为人民着想、为人民服务的品质,展示了沙洲坝人民对毛主席的怀念与感激之情,引导聋生真切感知共产党领导人一心为民的深厚情谊,培养其懂得饮水思源、对他人常怀感恩之心。现代历史文化的内容类目多以伟人故事为引导,激励聋生不忘初心、牢记使命,奋发砥砺前行。

6. 强化语言学习,融入传统文化的理解

传统语言文化各二级类目占比分别为识字写字 3.97%、汉语拼音 10.60%、语言形式 11.92%。

识字写字的选文内容主要有 6 处,主要为通过课文的形式学习字形、字音、字义,集中在一年级和三年级。一年级上册的《日月水火》《山石田土》通过象形字观物取象、以象示意的方法,将图片与汉字相对照,便于聋生对汉字的理解与建构,智记字形,初步了解象形的造字方法,感受古人造字的智慧,引导聋生充分感受汉字的文化内涵与魅力。识字写字内容结合聋生特点,以缺陷补偿、功能代偿的方式对汉字追本溯源,详细展示与讲析汉字的构音规律、构字规律,鼓励聋生自主探索,激发其识字写字的兴趣,夯实知识基础,提升文字修养。

汉语拼音的选文内容共计 16 处,全部出现在一年级上册,主要为声母韵母、整体认读音节的相关内容。汉语拼音是打开知识大门的钥匙,也是迈向语文基础知识的阶梯。汉语拼音有助于引导聋生正确发音,由于听不见、说不准,聋生更需要拼音作为发音的指导。在此基础上帮助聋生理清发音思维,提高语言记忆。

语言形式的内容共计 18 处,主要包括童谣、儿歌、成语故事、寓言、文言文等文体。三年级下册的《春节童谣》《动物儿歌》将中华优秀传统文化融入朗朗上口的语言表达中,引导聋生感受童谣、儿歌的韵律与节奏;三年级下册《胸有成竹》、四年级下册《狐假虎威》、六年级上册《一鼓作气》《手不释卷》《毛遂自荐》《大公无私》等选文以成语故事的语言形式呈现,使聋生在掌握成语的同时,了解成语背后的深刻含义,学会做人的道理。

四、结论与思考

(一)研究结论

1. 强化传统道德精神文化,落实立德树人根本任务

教科书是传播社会主流价值观、体现国家意志与社会发展的知识载体,是文化启蒙的核心文本,担负着实现以文化人的重要使命[24],关乎立德树人根本任务的落实,聋校语文教科书同样担负着这一重要育人使命。聋校小学语文教科书强化传统道德精神文化,一级类目共 40

处内容,尤为侧重忠心爱国的内容,忠心爱国二级类目内容共 16 处。传统道德精神文化一级类目内容注重引导聋生在学习语文知识中践行社会主义核心价值观,继承与弘扬中华优秀传统文化,增强聋生的民族自尊心与自豪感,养成家国情怀与爱国情感,坚定文化自信,铸牢中华民族共同体意识,使聋生从中华文明的丰富养料中汲取成长的智慧与力量。

2. 重视传统语言文化,凸显聋校语文教科书特色

聋生的发音、说话、看话、读写等言语能力的发展是学校教育的侧重点,聋校小学语文教科书立足聋生语言发展实际,选文强调传统语言文化的类目内容,传统语言文化一级类目的内容共计出现 40 处,与传统道德精神文化的内容数量齐平。语言形式二级类目共 18 处内容,注重以多元形式引导聋生掌握拼音、汉字,学会读、听、写,以汉语拼音作为学习语文的基础。汉语拼音二级类目共 16 处内容,使聋生模仿发音说话,识别口形,形成看话能力,并在汉语拼音的学习中学会拼音书写、手指语,引导聋生将拼音字母、拼音音节和手指语相结合,使其以手指动作记忆加强字、词、句的学习,掌握与发展语言能力。识字写字二级类目共 6 处内容,对其开展最基本的识字写字教学,逐步发展识字写字能力。聋校语文教科书重视对聋生语言能力的基础训练,并将中华优秀传统文化有机融于其中,以多元形式加强聋生语言基础,增强其语言领悟能力与理解能力,促进其核心素养的提升。

3. 注重全面融入中华优秀传统文化内容,坚定文化自信

聋校小学语文教科书中华优秀传统文化内容涵盖传统道德精神文化、传统民俗文化、传统文学文化、传统艺术文化、传统历史文化及传统语言文化等 6 个一级类目、18 个二级类目,以适切的文体形式、风格和类型将中华优秀传统文化有机融入相关知识内容之中,力图做到知识全面且有所侧重。聋校小学语文教科书注重将融于中华优秀传统文化的语文知识与聋生的经验世界紧密关联,帮助聋生打好语言文字基础,促进其理解知识内容,提升语文素养,同时,引导聋生感悟知识内容的深切情感、积极态度与正确价值观,树立热爱祖国、热爱人民的高尚情操,提升国家认同感,坚定文化自信,肩负起弘扬与创新中华优秀传统文化的使命与责任。

(二) 思考

1. 秉持普特融合的理念,内容编排符合聋生身心发展

我国向来关注特殊学生的成长,2017 年《第二期特殊教育提升计划(2017—2020 年)》强调以融合教育理念尊重个体差异,注重潜能开发和缺陷补偿,提高特殊教育的针对性和有效性[25]。2017 年陆续出版的聋校小学语文教科书秉持普特融合的理念,与统编版小学语文教科书形成对照与呼应,在融合发展中引导学生树立爱国意识和正确的价值观念,增强爱国情怀、民族情感、社会责任感,坚定文化自信,使其成为有独立精神、自立人格的时代新人。

聋校小学语文教科书编写秉持普特融合的教育理念,内容编排遵循聋生身心发展规律和特点,与普通教育小学语文教科书形成对照,课文在学期编排上基本上较统编版小学语文教

科书晚。聋校小学语文教科书和统编版小学语文教科书共有29篇相同的选文,其中有28篇选文在时间编排上晚于统编版小学语文教科书1—2个年级;仅有1篇选文《我不能失信》在聋校小学语文教科书中出现时间(三年级上册)早于统编版小学语文教科书(三年级下册),但聋校小学语文教科书中的《我不能失信》较之统编版教科书选文而言,文本篇幅较短,用词更为简洁,句子构成更简单,更易于聋生的理解与掌握。

2. 适当增加特殊儿童的相关选篇,呈现更有温度的教育内容

聋校小学语文教科书仅有1篇选文与特殊儿童紧密相关,即四年级上册第一单元中的《我不是最弱小的》。该选文旨在培养聋生由人及己,使聋生感受自己是"特殊"的,也是"普通"的,是"弱小"的,但同样也是勇敢的,以此引导聋生体验人间温情,帮助其树立自信,学会肯定自我、接纳自我。在普特融合的理念下选编一定数量与普通教育相同的内容有可取之处,但对中华优秀传统文化紧密相关的知识内容的选编也应符合聋生身心发展实际,《聋校义务教育课程标准(2016年版)》建议聋校语文教材编写适当增加反映残疾人自强精神的作品[26]。聋校小学语文教科书在选篇数量上可适当增加与聋生紧密相关的内容,使其在学习他人的成长经历中产生情感共鸣,收获自信、坚强成长,养成正确的价值观与积极的人生态度,关爱自己,关心他人,涵养深厚的家国情怀。

3. 提升教师的文化素养,增强教科书使用成效

教师作为教科书使用的主体之一,教师的文化素养影响着聋生对中华优秀传统文化的理解与内化,关乎教科书使用效果。一方面,教师应树立对中华优秀传统文化的尊敬之心和热爱之情,以生动有趣的教学方式,在汉语拼音教学、识字写字教学、阅读教学、写作教学及语言交往教学等课堂教学活动中有机融入中华优秀传统文化内容,创设灵动的教学情境引导聋生体验与感悟中华优秀传统文化的魅力与精彩;另一方面,教师应善于将现代信息技术融入语文教学,采用多种模式结合的教学方法引导聋生将中华优秀传统文化内化为自身的思想信念、道德修养,外显于个人行为,将课内活动与课外活动相结合,促进教科书的知识世界与聋生的生活世界紧密关联,促进聋生有效获取知识、提升核心素养的同时,坚定文化自信,弘扬与创新中华优秀传统文化,成为中华优秀传统文化的传承者与弘扬者。

参考文献

[1] 教育部. 聋校义务教育课程设置实验方案[EB/OL]. (2007-02-02)[2022-12-18]. http://www.moe.gov.cn/srcsite/A06/s3331/200702/t20070202_128271.html.

[2] 常志丹. 聋校第二学段语文新教材中的语文要素分析[J]. 现代特殊教育,2022(3):29—32.

[3] 吴巧宏. 聚焦基础能力培养,突出语言交际功能——聋校语文一年级下册教材特点分析与教学建议[J]. 现代特殊教育,2019(11):28—30.

[4] 吴巧宏.新编聋校语文一年级上册教材分析与教学建议[J].现代特殊教育,2018(11):43—45.

[5] 梁妤.《聋校义务教育实验教科书·语文》插图的特点及教学建议[J].现代特殊教育,2021(21):36—39.

[6] 高宇翔,阿卜杜艾则孜·阿卜杜艾尼.人教版聋校语文教科书插图人物性别研究[J].绥化学院学报,2019,39(7):33—37.

[7] 潘虹蕾.小学阶段人教版聋校与普校语文教材插图比较研究[D].辽宁师范大学,2017.

[8] 高宇翔,买合甫来提·坎吉.聋校人教社新版语文教科书有关劳动教育内容的分析[J].中国特殊教育,2021(2):39—44.

[9] 何致文.《聋校义务教育实验教科书·语文(四年级下册)》特点介绍与教学建议[J].现代特殊教育,2021(5):33—35.

[10] 赵庆.新课标下新教材的教学建议——以《聋校义务教育实验教科书·语文》为例[J].现代特殊教育,2020(15):42—45.

[11] 冯钰茜,葛琛.新版聋校小学低段语文教科书中传统文化内容选编分析[J].现代特殊教育,2022(2):45—51.

[12] 钟敬文.传统文化随想[J].北京师范大学学报(社会科学版),1994(4):25—29.

[13] 李宗桂.中国文化导论[M].广东:广东人民出版社,2002:11.

[14] 田广林.中国传统文化概论[M].北京:高等教育出版社,2011:3.

[15] 张岱年,程宜山.中国文化论争[M].北京:中国人民大学出版社,2006:4.

[16] 王红.中华优秀传统道德文化价值体认系统的生成逻辑探析[J].伦理学研究,2018(3):44—48.

[17] 曾丽雅.中华民族传统精神文化述论[J].江西社会科学,2003(11):141—145.

[18] 高文艳.小学语文教材中的民俗文化内容及其教学研究[D].山西大学,2021:14—17.

[19] 陶立璠.民俗学概论[M].北京:中央民族学院出版社,1987:43—45.

[20] 牛树林.小学语文教材中传统文化类选文的编排与分析[J].教学与管理,2017(35):53—55.

[21] 唐仁,张冰艳.以根育人以文化人——寻找部编版小学语文教材中的优秀传统文化[J].现代中小学教育,2022(10):10—14.

[22] 郑新丽.教育部审定语文教科书传统文化要素选编分析——以已出版的七、八年级语文教材为例[J].教育导刊(上半月),2018(8):39—44.

[23] 万婕.部编版小学语文教科书中传统文化内容及其教学建议研究[D].扬州大学,2022:18—20.

[24] 石鸥.弦诵之声——百年中国教科书的文化使命[M].长沙:湖南教育出版社,2019:3.

[25] 教育部等七部门.教育部等七部门关于印发《第二期特殊教育提升计划(2017—2020年)》的通知[EB/OL].(2017-07-18)[2022-12-25].http://www.moe.gov.cn/.

[26] 教育部.聋校义务教育课程标准(2016年版)[EB/OL].(2016-12-01)[2023-01-05].http://www.moe.gov.cn/srcsite/A06/s3331/201612/t20161213_291722.html.

数智时代中小学数字教材建设的实践审视

贾建国

【摘要】 随着数智时代的到来，数字教材也随之成为一种新型教材形态而得到广泛重视。在基本遵循上，数字教材建设必须坚持落实立德树人根本任务，秉持教材建设是国家事权的基本准则、坚持育人为本的基本理念和强化融合交互的设计逻辑。在建设环节上，目标应该更加彰显生本价值、内容应该实现边界突破、评价应该更加强调主体创生。在保障机制上，数字教材建设应注重打造数字教材建设共同体、强化培养提升教师数字素养和制定数字教材建设标准。

【关键词】 数智时代；立德树人；数字教材；数字素养

【作者简介】 贾建国/深圳市教育科学研究院研究员

Practical Examination of the Construction of Digital Textbooks in Primary and Secondary Schools in the Era of Digital Intelligence

JIA Jianguo

Abstract: With the arrival of the era of digital intelligence, digital textbooks have also become a new form of teaching materials and have received widespread attention. In terms of basic adherence, the construction of digital textbooks must adhere to the fundamental task of cultivating morality and talents, uphold that textbook construction is the basic principle of national governance, adhere to the basic concept of educating people as the foundation, and strengthen the design logic of integrated interaction. In the construction process, the goal should highlight the value of life, the content should achieve boundary breakthroughs, and the evaluation should emphasize the creation of the subject more. In terms of security mechanisms, the construction of digital textbooks should focus on creating a community for digital textbook construction, strengthening the cultivation and improvement of teachers' digital literacy, and formulating standards for digital textbook construction.

Key words: Digital Intelligence Era; To cultivate virtue and cultivate people; digital textbooks; digital literacy

近年来,随着智能技术在教育领域的快速发展和持续融入,正不断推动我国中小学教材建设理念的转型,为中小学教材建设带来了新理念和新路径,数字教材也随之逐渐被视为一种新型教材形态而得到广泛重视。《义务教育课程方案(2022年版)》明确指出,要充分利用新技术优势,探索数字教材建设。在实践中,很多地方政府及教育行政部门也纷纷投入大量的人力、财力、物力,开展数字教材(数字化教学资源)的建设。不过,数字教材建设总体上还处于初级阶段,在发展理念、建设方式和保障机制等方面还亟需加以厘清、优化和完善,方能有效推进新形态数字教材的高质量建设,助力课程教学的高质量变革与发展。

一、立德树人:中小学数字教材建设的基本遵循

(一)秉持教材建设是国家事权的基本准则

教材建设是国家事权,是事关未来的战略工程、铸魂育人的基础工程。为此,中小学数字教材与纸质教材一样,必须充分体现党和国家对教育的基本要求,把坚持正确方向作为首要遵循。一是坚持以国家课程方案及各学科课程标准作为数字教材建设的纲领性指导。在实践中,课程方案及课程标准集中反映了"为谁培养人、培养什么人以及怎样培养人"的总体要求,这在一定程度上为数字教材建设指明了方向。《义务教育课程方案(2022年版)》明确要求"教材编写须落实课程标准的基本要求,基于核心素养精选素材,确保内容的思想性、科学性、适宜性与时代性"。为此,中小学数字教材建设必须坚定为党育人、为国育才的理念,将新课标的要求细化到不同层面、不同类别的数字教材之中,推动数字教材建设与新时代中国特色教材体系有机契合,形成适应智能时代、体现中国特色、彰显育人功能的数字教材体系,依托数字教材的技术优势助推育人方式变革。[1]二是重视强化国家、地方和校本三类课程的数字教材建设。教育部印发的《关于加强中小学地方课程和校本课程建设与管理的意见》明确提出,地方课程要丰富课程载体,创新教材形态,建设数字化课程资源库。校本课程原则上不编写出版教材,鼓励开发运用多形态课程资源。在实践中,教育行政部门不仅应重视将国家课程数字教材建设纳入国家事权管理,同时也必须强化地方课程和校本课程相关数字教材建设的管理——校本课程主要以学校建设为主,极易在智能技术越来越开放的背景下出现偏离甚至脱离管理的情况,成为数字教材管理的"真空"。

(二)坚持育人为本的基本理念

教材(纸质教材和数字教材)是人才培养的关键载体。由此,数字教材建设必须彰显"教育性",凸显育人为本的价值内核,将"培养有理想、有本领、有担当"的时代新人这一新时代育人目标贯穿设计、开发和应用等全过程。进入数智时代,数字教材设计不再是简单地实现教材数字化,其价值应主要体现在对教与学应用场景的扩展,从更高层次上重建教育范式与服务模式。一是注重素养导向。"当下,最关键的问题是如何研发培根铸魂、启智增慧的精品数字教

材,这成为新时代数字教材建设的核心议题。"[2] 从这个意义上讲,从"知识图谱"向"素养图谱"(强化关键能力、必备品格和正确价值观培养的要求)转型将成为我国数字教材建设的重要方向。为此,中小学数字教材建设必须以培养核心素养为目标,聚焦不同学科的核心素养要求,按照不同学科的课程标准为学科选择不同的智能技术,开发与纸质教材相匹配的不同形态的学习资源,并采取不同的实施工具与手段,从而形成更加丰富的学科实践状态,更好地实现学科育人价值和功能。二是强化教学属性。数字教材是为了教学而存在,离开了教学属性,数字教材就失去了存在之根。数字教材建设必须明晰数字教材的教学属性——"为了教学、服务教学"。[3] 由此,数字教材建设的根本立足点和出发点就在于必须把握教书育人的本质属性。唯有如此,才能以"教育之眼"挖掘数字教材的技术价值,使之为课程教学提供新的载体。进一步讲,数字教材可以充分运用人工智能等各类信息新技术,全面改变教材内容呈现形式、突破时空限制,跟踪记录和分析学生学习全过程,针对性精准推送、拓展和升华学习资源,真正促进教师教学方式和学生学习方式的转变,培养和提升学生个性化学习、自适应学习和泛在学习的能力。

(三)强化融合交互的设计逻辑

已有不少研究证实了数字教材中的交互式动画、协作式问答及智能交互功能对学习动机的促进作用。[4] 随着人工智能等新技术的不断发展和融入教育教学之中,数字教材的多功能交互性、多媒体融合性等特征将越来越明显,这也就要求我国在数字教材的建设上必须强化交互设计方面的创新。一是强化"人—机—人"的交互,有效解决纸质教材难以实现交互式互动的问题。数字教材建设应注重融入图像识别、情感计算、自适应技术等新技术,通过操作交互功能和信息交互设计提供界面友好、智能操作等高效服务,深度挖掘、收集与分析学生及教师等主体的教育教学需求数据,并基于此思考数字教材设计的针对性、适用性和有效性。同时,智能时代的数字教材设计应结合特定的学科需求,利用人工智能技术在教材内容中提供多样化学习和交互策略(如智能问题诊断等),增强相应的学习趣味性和互动性,实现学生自我监控和自我反馈。二是优化教材与应用场景的交互,为学生提供集视觉、听觉、触觉一体化的虚拟交互环境。进一步讲,中小学数字教材设计要重视学习场域差异性分析、教材与终端设备的兼容性分析。[5] 一方面,注重提升数字教材的多版本兼容性和适用性,针对不同地区的信息技术基础设施设备,提升数字教材跨平台、跨领域、跨地区应用的可能性,实现教材与不同类型信息化设备之间的有效互动,尤其要能满足偏远地区学校学生及教师的需求,避免因数字教材的出现而产生更大的"数字鸿沟",进而扩大"教育不均衡"现象。另一方面,数字教材的智能交互设计应注意防止"过度交互"的出现,以免导致学生难以有效开展沉浸式学习,引发类似"短视频"所导致的大脑无序程度加深现象,致使学生和教师无法进行深度思考等问题。

二、课程视角：中小学数字教材建设的关键环节

数字教材以其开放性、互动性、智能化的特质拓展了纸质教材的边界，为师生的教学活动提供了更为丰富的学习资源，也必将引发新的课程教学方式变革。

（一）在功能目标上，数字教材建设应更加彰显生本价值

进入智能时代，建设数字教材的目的不应仅仅限定于将教材从"纸质载体"翻版为"信息化载体"，不应只是为师生提供静态的数字化学习资源，而是更多地指向发挥数字教材除"知识内容"呈现之外的、原有纸质教材（想要实现）却无法达成的目标功能。

一方面，数字教材的建设要重视更好地培养学生自主学习能力。数字教材建设首先要为学生提供自主学习的空间，使学生在知识获取过程中能够更加便利地进行自主思考，能够更加充分地发挥学习的主动性。因此，数字教材的建设在呈现纸质教材知识内容的同时，要注重提供更多的学习支架，如很多中小学实施的"先学后教"所提供的前置性学习单，可以一并纳入数字教材的设计。另一方面，数字教材的建设要将彰显学生个性化学习效果作为重要目标。数字教材可以依靠智能化技术（如在数字教材中融入学生信息即时诊断反馈技术），在教材层面为服务学生个性化学习做好准备。进一步讲，人工智能所带来的崭新技术能够随着人工智能推送技术的快速发展，为学生提供"私人定制"的学习内容，更好地满足学生的个性化学习需求。因此，数字教材应以学生发展的实际需要为依据，为其提供完备的知识体系，让学生在完成基础的知识建构后，通过自主学习建立满足自己需要的个性化知识结构，从而促进学生的个性化发展，彰显数字教材建设的独特育人功能。[6]

（二）在内容设计上，数字教材建设应实现边界突破

人工智能的介入使得数字教材在内容上可以将海量信息构建形成若干综合性模块呈现，为学生创设出一个全新的教材学习场域，使学生在学习纸质教材内容的同时，利用信息技术获取丰富资源开展跨时空的学科/跨学科实践活动。在数智时代，课程内容的模块化要求人必须对海量知识进行深度整合，这种整合不仅要建立知识与知识之间的联结，而且要实现知识与生活之间的有效联结，使彼此形成不可分割的整体，从而更好地发挥整体育人功能，促使学生通过对课程内容的结构化探究，逐步形成自主的智能系统。

一方面，这些综合性模块可以将纸质教材中所要求的基础性知识（如语文的基本文字、道德的基本价值等）加以系统性呈现，并且突破不同学科之间的界限，探寻不同学科知识的内在联系并将其进行重组，从而以数字化手段直接呈现跨学科的知识聚合与融合。[7]另一方面，每个模块将会借助若干主题词通向海量信息资源，进一步面向社会、面向生活汲取素材，将社会性资源与教材资源有效联结起来，从而突破传统纸质教材的边界，打通年级之间、学科之间的壁垒，大大拓展数字教材承载的知识容量，实现将外部内容整合到具有自适应功能的数字教

材体系中,不再限于纸质教材的"镜像"呈现,为实现"人人皆学、处处能学、时时可学"创造条件。由此,人工智能以符合学习规律的方式持续提供适应性资源,使学生学习进入持续的循环与深入状态。在此过程中,教师和学生都可以根据教学活动实际情况,将数字教材部分资源的内容编排、呈现方式等进行个性化调整形成专属定制教材,从而更加符合自身的教学或学习风格,尽可能产生最佳的教学和学习效果。

(三)在运用评价上,数字教材更加强调主体创生

数字教材的运用评价需要相适应的新型教学和评价方式,并依托相应的数字化技术和平台,方能全面发挥出真正的育人价值。一方面,数字教材的运用不能简单停留在传统的教与学方式上,而是需要在教与学方式上做出变革。在人工智能语境下,学习方式将越来越多地迈向深度学习、自适应学习、分布式学习等,每个学生都可以自如地根据不同学习内容选择适切的方式来学习,这意味着数字教材运用过程中每个学生都将形成自己独特的学习风格。以日本数字教材建设为例,其一开始就确立了"数字化教材"和"数字化教辅材料"的二元化构造。在此基础上,日本数字教材构建了"集体学""分组学""个体学"的学习模式,这三种学习模式作为数字教材的基础框架,满足了师生基本的学习方式和场景互动需求。[8]另一方面,任何教材的建设都离不开有效的评价,只是数字教材比纸质教材需要更为多维的评价体系和更为智能的评价手段与工具。其一,与纸质教材相同,数字教材作为落实"培养什么人"的关键载体,其开发与实施是否坚持正确的育人方向、是否全面落实新课标、是否有效落实核心素养等基本问题,都需要进行精准的评价,以确保数字教材建设沿着正确的方向推进。其二,数字教材与纸质教材不同之处在于还需要对是否有效发挥数字教材的技术功能、是否有效实现信息技术与教材的"耦合",以及相关的影像、声音、动画等进行技术性评价,确保数字教材确实能够发挥超出传统纸质教材的功效。

当然,不同类型、层次、发展阶段的数字教材在教学与评价上会存在一定差异,不同地区学校、不同学段学生使用数字教材也会存在差异。为此,通过智能技术可以建立区域性甚至全国性的数字教材开发、实施数据库,促进不同区域和学校相互了解和交流学习数字教材的建设情况,并通过数据分析比较发现数字教材建设的问题与不足,从而在更大范围实现数字教材建设的改进与优化。

三、制度互补:中小学数字教材建设的保障机制

制度互补性理论强调,政府教育部门必须以整体性和全局性的战略眼光来看待数字教材的建设与变革。进一步讲,中小学数字教材建设作为一项系统工程,与数字教材开发的团队建设、教师的数字素养水平和相关数字教材建设标准等都有着密切的关系。因此,只有推动相关事项的配套跟进,实现各项制度之间的互补与配合,数字教材建设理念才能真正在一线课堂教学中落地实施。

（一）打造数字教材建设共同体

智能时代的数字教材建设需要多方面专业人员的共同参与，通过协同联动方式形成专业共同体，对数字教材进行整体规划、设计、开发，以及应用和评价，以此确保数字教材建设的专业性、前瞻性和科学性。

第一，数字教材建设应坚持教育性，以教育专业人员作为设计、开发、应用等各个环节的参与主体。参加数字教材建设的教育专业人员包括但不限于课程教材理论专家、学科教学专家尤其是全国知名的学科教研员等，他们掌握相应的教育规律和学科规律、熟悉学生的认知发展特点，能够从教育视角为数字教材建设提供专业建议，从而确保数字教材建设符合教育教学规律，与纸质教材相配合来共同发挥育人作用。

第二，数字教材建设需要体现信息化，必须有信息化专业技术人员的参与。数字教材建设一般先由教育专业人员对教材内容进行设计、组织和编排，再由信息化专业技术人员利用信息技术呈现相应的内容。因此，在数字教材集成编辑阶段，专业技术人员既要能熟练操作数字教材编辑工具，又要对数字教材出版的排版设计等有全面了解，从而保证教材内容的有机编排和良好视觉体验。[9]

第三，数字教材建设还应该彰显主体性，需要教师和学生的共同参与。一方面，教师是数字教材实施的关键主体之一，他们在教材使用过程中的舒适度、与教育教学活动的吻合度等因素都会影响课堂教学的育人成效。因此，在数字教材建设过程中必须注意广泛搜集教师使用数字教材的反馈意见和建议，不断提升数字教材与一线教学活动的适切性。另一方面，数字教材的建设应充分顾及学生对数字教材的感受和体验，给予学生适当参与数字教材建设的机会，让学生为数字教材建设提供更具主体价值的意见和建议。

（二）强化培养提升教师数字素养

随着数智时代的到来，数字素养已经成为每位中小学教师的必备素养之一。数字教材作为一种新型的教学载体，对教师的学科知识、信息素养、教学整合能力等都提出了更高要求，因此数字教材建设的过程也是教师教育教学能力转型的过程。为此，在数智时代教育部门必须重视和加强培养与提升教师的数字素养。

第一，建立教师数字素养提升的进阶培训机制。地方教育部门尤其培训部门应与教育信息部门紧密联合，根据教育部制定的《教师数字素养》教育行业标准，从数字化意识、数字技术知识与技能、数字化应用、数字社会责任以及专业发展等五个方面，常态化开展普及性（如面向全体教师的数字素养标准培训）、专题性（如数字教材开发能力培训）、应用性（如信息技术融合的新型教与学方式培训）等多类型培训，引导和推动教师持续提升自身数字素养，积极应对数智时代数字教材建设的要求。如武汉市青山区通过分层递进、务实创新的培训形式满足各阶段教师成长需求。在基础应用阶段，组织开展覆盖全学段、全学科的基础使用培训；在深化阶段,组织"数字教材在教学中的有效应用"直播培训,并通过学科教研员加强教法指导;在应用创新阶段,不定期聘请有关专家、区内应用名师对教师进行针对性指导培训和应用经验分享。[10]

第二,搭建教师数字素养提升的实践场域。地方教研部门、学校应鼓励和指导教师充分利用数字化课程资源开展教育教学工作,准确把握数字教材的呈现形态、技术工具和交互手段等,选择和运用智能化的新型教与学方式,确保数字教材能够有适切的落地方式。同时,学校可以自主建设校内数字教材学习社群,由教师主动贡献自己的优秀案例并进行相互交流,以学习共同体的形式共同提高数字教材应用能力。此外,区域教育部门还应为中小学教师搭建多元化的数字教材建设交流学习、成果展示平台,让教师在实践交互中相互学习借鉴、促进提高。如区域教研部门可以定期组织示范课、优质课评比、能力大赛等活动,在数字教材建设尤其是应用方面发挥示范带动作用。

(三)制定数字教材建设系列标准

数字教材是不同于纸质教材的一种新型教材形态,亟需建立相应的规范标准对相关建设过程进行引导和规约。为此,国家应加快研究制定数字教材建设的系列标准,包括但不限于数字教材内容设计、编写出版、审查应用等全过程的流程标准等。

第一,制定内容编写标准。数字教材的编写需要兼具考量数字教材教育性和技术性,出台专门的内容选择、组织和呈现等相关标准。这些标准既要对标国家课程标准、与纸质教材保持一致性,同时还应考虑数智时代内容设计的开放性和风险性。进一步讲,数字教材的编写不仅要考虑遵循传统纸质教材内容的编写规则,还应该明确哪些开放性资源可以纳入、可以以哪种方式纳入等,从而确保数字教材编写的正确方向,避免出现数字教材内容准确性不高、使用者认可度不高等问题。

第二,制定技术准入标准。教育行政部门、信息技术部门等要根据数字教材的特点、教育教学实际需求,建立相应的技术规范标准,明确规定技术在教学活动中的准入类型、程度等重要的边界事项,明确哪些技术可以为数字教材建设服务、在何种程度上为数字教材建设服务,从而保证在许可的范围内适时适度地使用信息技术,避免教材建设成为技术的附庸品。

第三,制定出版规范标准。从样态上看,数字教材是一种利用信息技术将内容进行数字化处理并转化为适用于各类电子终端的新型教材,同样属于一种教育出版物,必须遵循出版物的相关规范标准,但同时又不同于传统的纸质教材出版物。因此,在智能时代必须全面思考数字教材的版权、形态、推广、服务等方面的事务,建立与数字教材建设相契合的出版规范。

第四,制定使用规范标准。数字教材在使用上必须有自身的一套规范标准,应针对数字教材的使用过程做出明确、具体的规定和说明,为师生提供详细而准确的使用方式和操作指导。在实践中,教育部门可以根据全国不同区域教育信息化程度、师生信息化素养的水平高低等,制定具备相适应的使用规范标准。[11]

参考文献

[1][11] 王天平,闫君子.新课标下数字教材建设的逻辑、体系及策略[J].现代远程教育研究,2023(4):47—55.

[2] 王志刚,王润.中小学数字教材研究20年:本土进展与域外考察[J].中国教育科学(中英文),2021(5):128—143.

[3] 石鸥.重新认识数字教科书的本质、价值与关键特征[J].中小学数字化教学,2020(7):5—8.

[4] DENNENVP, BAGDYLM. From proprietary textbook to custom OER solution: using learner feedback to guide design and development [J]. Online learning, 2019(3):4 - 20.

[5] 张蓉菲,田良臣,彭婉,李倩倩.智能时代中小学数字教材设计:逻辑结构及实践理路[J].电化教育研究,2023(7):67—73.

[6] 余胜泉.没有了围墙,未来学校将会怎样转型[N].中国教育报,2016 - 05 - 17(008).

[7] 贾建国.人工智能时代中小学课程建设的发展审视[J].基础教育课程,2020(9上):29—36.

[8] 宋武全,李正福.日本数字教材建设:政策演进、实施路径和问题启示[J].全球教育展望,2023(6):89—99.

[9] 李雅筝,周荣庭,何同亮.交互式数字教材:新媒体时代的教材编辑及应用研究[J].科技与出版,2016(1):75—79.

[10] 金梦甜,丁卫波.武汉市青山区优质数字教育资源建设与应用研究[J].教育与装备研究,2023(6):64—68.

南非数字化习题及其对我国数智时代教材建设的启示

诸涵清 李文华 陆吉健

【摘要】随着数智时代的到来，教材改革创新势在必行，建设数字化、智能化和高质量的教材成为教育界共同关注和深入探讨的热点。本研究以南非数字化习题为研究对象，从习题的表层分析、综合难度以及与课程标准的一致性进行研究。结果表明，南非数字化习题编排合理、数量较多、类型单一；总体难度不高，在数学认知、推理和背景因素上的设置较为合理；习题与课程标准的一致性较好。在此基础上，从数字化建设、智能化建设和高质量教材建设三方面提出了对我国数智时代高质量教材建设的启示。

【关键词】南非；数字化习题；数智时代；高质量；教材建设

【作者简介】诸涵清/杭州师范大学经亨颐教育学院研究生、杭州市余杭区杜甫中学教师
　　　　　　李文华/杭州师范大学经亨颐教育学院研究生
　　　　　　陆吉健/杭州师范大学经亨颐教育学院副教授

Digital exercises in South Africa and their enlightenment to the construction of teaching materials in the age of digital intelligence in China

ZHU Hanqing LI Wenhua LU Jijian

Abstract: With the advent of the digital intelligence era, the reform and innovation of teaching materials are imperative, and the construction of digital, intelligent and high-quality teaching materials has become a hot spot of common concern and in-depth discussion in the educational circle. This study takes the South African digital exercises as the research object, from the surface analysis of the exercises, the comprehensive difficulty and the consistency with the curriculum standards. The results show that the digital exercises in South Africa have reasonable arrangement, large quantity and single type; The overall difficulty is not high, and the setting of mathematical cognition, reasoning and background factors is reasonable; Good consistency between exercises and curriculum standards. On this basis, the enlightenment to the construction of high quality teaching materials in the age of digital intelligence is put forward from three aspects: digital construction, intelligent construction and high quality teaching materials construction.

Key words: South Africa; Digital exercises; The age of number intelligence; High quality; Textbook construction

一、引言

为深入贯彻党的二十大精神和习近平总书记关于继续教育与学习型社会建设的重要指示,加快推进学习型社会建设,构建人人皆学、处处能学、时时可学的全民终身学习服务体系,2023年9月,教育部发布了《关于印发〈学习型社会建设重点任务〉的通知》以下简称《通知》。《通知》指出要把教育数字化作为推进学习型社会建设的"倍增器"。教材是传播人类优秀文化、国家意志和师生开展教育教学活动的基本媒介,在教育数字化改革中的地位不言而喻。随着数智时代的到来,如何建设数字化、智能化和高质量的教材,已经成为学界和业界共同关注和深入探讨的话题。通过数智时代高质量教材的建设,能够顺应教材的改革与创新、引领未来教材的发展趋势、推动教育公平事业。

近年来,随着中非友好关系的进一步发展,中国与非洲国家的教育合作交流也得到了深入而广泛的发展,教育高层互访、互换留学生、派遣援非教师以及校际交流等互动增加。作为"金砖五国"核心国家的南非,由于受到英国现代教育和科技基础的影响,在经济水平和教育水平上在非洲国家中都名列前茅。南非"Siyavula"数学教科书的数字化习题,在内容上是教科书的一种补充资源,在形式上是数字化学习的一种学习资源,依托信息技术实现,具备数字化习题的功能和特点。因此本研究对南非"Siyavula"数学教科书数字化习题的特点进行研究,为我国数智时代教材的建设提供参考性的建议。

二、研究综述

(一)高质量教材建设研究

2021年,"高质量"成为教育发展的主题词,这意味着建设数智时代下的高质量教材成为了必然要求。在对教育部时任教材局局长田慧生采访基础上,施久铭等分析了关于高质量教材建设的"四大工程"和2023年教材工作的工作重点。[1][2]郝志军等总结了习近平总书记关于教材建设的重要论述的内容概要、核心要义、实践成就和重大意义;[3]杨柳等则从内涵、性质与价值分析了教材建设国家事权。[4]在建设新时代中国特色高质量教材体系上,刘复兴等论述了经验与现状、面临的挑战与困境、在党的全面领导下建设新时代中国特色教材体系;[5]刘学智侧重分析新时代高质量教材体系建设的着力点;[6]谭方正则阐述了加快建设中国特色高质量教材体系的根本遵循、核心向度与实践理路。[7]王厚红等对第四届全国课程与教学青年学术论坛进行述评,从价值追问、现实路径与未来展望分析了高质量课程教材建设。[8]

（二）数字化教材研究

随着我国教育数字战略行动的实施，教育数字化转型已成为教育发展的重要方向，建设数智时代下的数字化教材成为教材改革的必然趋势。钟岑岑等聚焦我国中小学数字教材研究的20年发展历程、分析中小学数字教材的特点并提出了未来展望；[9]徐丽芳等梳理了美国、韩国、马来西亚3个典型国家的中小学数字教材发展概况，对数字教材的内涵、外延、属性、功能以及中小学数字教材的研究热点等进行系统综述；[10]宋武全等分析了日本数字教材建设的政策演进、实施路径，并指出了存在的问题和可提供参照和借鉴的启示。[11]张家军等分析了新课标背景下数字教材编写的价值理念、结构体系和实施路径；[12]张蓉菲等分析了智能时代中小学数字教材设计的历史溯源、逻辑结构、面临的现实挑战和实践理路；[13]吴永和等分析了教育数字化转型视域下的新型教材的特征、系统功能需求模型、系统层次结构，并提出了构建新型教材建设标准体系。[14]

（三）智能化教材研究

近年来，人工智能的发展给教育领域带来了革命性的变化，建设数智时代下的智能化教材成为研究热点。在知识工程阶段，亨策（Henze）、韦伯（Weber）在早期的智能教科书上开创了一系列"智能化"功能——如自适应导航、自适应呈现、内容推荐、基于概念的导航等。[15][16]在语义网阶段，最初多洛格（Dolog）和梅丽丝（Melis）提出手工扩展具有外部学习对象的自适应教科书；[17][18]后来索斯诺夫斯基（Sosnovsky）应用语义网将外部内容自动整合到适应性教材中；[19]维纳伊·乔德里（Vinay K. Chaudhri）则支持开发语义标注的教科书原型，包括有意义的问题回答和概念图练习。[20]在机器学习和自然语言处理阶段，王舒婷（Shuting Wang）探索了从教材中自动抽取主题和概念的方法，[21]伊戈尔·拉布托夫等（Igor Labutov）挖掘这些概念之间的各种语义关系，[22]最终以撒·阿尔皮萨尔-查孔（Isaac Alpizar-Chacon）实现了该研究路线基于全概念的领域模型"页后"的自动构建。[23]在交互数据挖掘阶段，查普洛（Chaplot）应用交互数据提高领域概念间先决关系的识别；[24]约盖夫（Yogev）和温切尔（Winchell）利用页面导航和突显行为产生的数据挖掘学生的阅读策略，追踪学生的注意力焦点。[25][26]

三、研究设计

基于上述对文献的综述，研究将探讨以南非"Siyavula"平台"概率与统计"板块数字化习题为例的数字化习题特点，为我国数智时代教材建设提供参考与借鉴。因此，本文所涉及的研究问题如下：(1)数字化习题具有哪些表层特征？(2)数字化习题的综合难度有何特点？(3)结合数学课程标准，数字化习题的一致性有何特点？

（一）研究对象

本文的研究对象是南非"Siyavula"数字化习题，"Siyavula"在线数学和科学平台是根据

"Siyavula"教科书开发的配套在线教育资源之一。[27] "Siyavula"资源在南非教育部官网上被作为学与教的支持资源提供给广大的学习者、教师等。本文选取"Siyavula"资源中 10—12 年级数学"统计与概率"章节的数字化习题作为研究对象,配合参考南非 10—12 年级"Siyavula"数学学习者教科书,以及南非《高中数学课程与评级标准》。[28]

(二)研究方法

在本研究中,为了更好地诠释"Siyavula""统计与概率"部分的数字化习题特点,采用内容分析法,对习题进行定量和定性相结合的研究方法;采用统计分析法,应用 Excel 软件对编码的结果进行整理汇总、应用 SPSS 软件计算一致性系数、应用图表对数据结果进行展现,为本研究保证了科学性。

(三)研究思路

在借鉴和分析了已有的习题研究的基础上,构建本研究所适用的习题分析框架,对数字化习题从表层分析、综合难度分析以及与课程标准一致性三个维度进行研究,以下对分析框架的二级主题进行解释。

1. 数字化习题的表层分析

首先,分析南非"Siyavula"教科书"统计与概率"的习题编排分布,对数字化习题的节习题、复习题进行统计分析。其次,"Siyavula"数字化习题数量众多,并设置了"动态问题"帮助学生通过反复练习来掌握知识,因此在数量维度上以"同类型题数量""题均同类型题"和"同类型题最大量"反映这一特性。最后,囿于数字化答题的局限性,"Siyavula"数字化习题只设置了选择题与填空题这两类客观题型,为了更细一步确定数字化习题类型设置上的特点,根据观察分析将选择题划分为"常规四选""下拉列表式选择题"和"其他"三种类型,将填空题划分为"单空""双空"和"多空"三种类型。

2. 数字化习题综合难度分析

习题的难度影响着学生学习的兴趣和动力,适中的难度可以促进学生理解知识,激发学生的学习兴趣。习题的难度受到多种因素的综合影响,本文采用王建磐、鲍建生老师修正后的数学题综合难度模型对数字化习题进行分析。[29] 在此基础上,对数字化习题的各个因素及各因素下的水平进行统计量化分析。最后,根据王建磐、鲍建生老师的综合难度计算公式,计算出习题在各个难度因素上的加权平均值并对数字化习题的综合难度进行阐述。

3. 数字化习题与课程标准的一致性分析

本文选择借鉴 SEC 模式,从内容主题和认知水平两个维度对数字化习题和课程标准进行对比分析。首先,笔者根据课程标准对"统计与概率"的内容主题进行划分,"统计"板块分为"数据的整理与分析""统计图表""线性回归模型"和"统计相关性"四个内容主题;"概率"板块分为"试验与概率""相关事件与独立事件""基本计数原理"三个内容主题,如表 1 所示。

表 1　南非"统计与概率"的内容主题划分

内容板块	内容主题	知识点内容	编码
统计	数据的整理与分析	收集数据、数据分组、集中趋势的度量、离散趋势的度量	S1
	统计图表	直方图、频数多边形、饼图、折线图	S2
	线性回归模型	曲线拟合	S3
	统计相关性	相关性	S4
概率	试验与概率	理论概率、相对频率、并集和交集、概率恒等式、互斥事件、互补事件	P1
	相关事件与独立事件	相关事件和独立事件	P2
	基本计数原理	基本计数原理、阶乘表示法、计数问题的应用、概率问题的应用	P3

其次,参照南非课程标准中对认知水平的划分,将认知水平从高到低划分为"知识""常规程序问题""复杂程序性问题"和"问题解决"四个水平,课程标准对认知水平的技能掌握进行了描述,如表 2 所示。

表 2　南非高中数学课程标准中的认知水平划分

认知水平	技能掌握的描述	编码
知识(20%)	直接回忆所学过的知识,从所给信息中识别正确的公式(不改变主题),使用数学事实,恰当地使用数学语言	K
常规程序问题(35%)	数字的估计和恰当的舍入,规定定理的证明和公式的推导,从所给信息中识别并直接使用正确的公式(不改变主题),执行已知的程序,能简单地应用并计算需要多步解决的问题,从给定信息进行推导,识别并能使用正确的公式(改变主题),与课堂上遇到的问题相似	R
复杂程序性问题(30%)	能解决有复杂计算或是需要较高推理的问题,问题中常常看不出明显的常规思路,问题不是基于现实生活的情境,能够在不同表现形式之间建立重要的联系,要求能从概念上理解问题	C
问题解决(15%)	非常规问题(不一定困难),能解决更高阶的推理问题,有能力将问题分解并解决	P

根据内容主题、认知水平对课程标准和数字化习题中"统计与概率"的标准条目进行划分,进行内容主题和认知水平的二维编码,得到关于课程标准和数字化习题的二维矩阵,并进行标准化处理。最后,使用统计软件计算数据临界值,利用帕特计算一致性系数。

四、研究结果与分析

(一)习题表层分析

1. 习题内容编排

"Siyavula"数字化习题系统安排了复习题和节习题,其中复习题位于每章的起始,作为对上一学年该章节知识内容的复习与回顾,节习题是针对每节具体内容所设计的针对性习题。

每一小节又具体根据小节内的知识点进行习题划分。从定量的角度研究编排结构,得到"Siyavula"数字化习题统计与概率板块的习题编排分布统计,如表3所示。

表3 "统计与概率"板块数字化习题编排分布

内容	节习题	复习题	总计
统计	164(77.36%)	48(22.64%)	212
概率	124(72.10%)	48(27.91%)	172
总计	288(75.00%)	96(25.00%)	384

从习题总数来看,统计板块共计212题,概率板块共计172题,共384题。从类别来看,两个板块的内容都是节习题数量最多,占比均超过70%,复习题的占比较低,均低于30%,两个板块在节习题和复习题上的总题量占比为3:1。

可以看出,数字化习题在总量上统计板块多于概率板块,在类别上节习题多于复习题。这是由于,一方面,南非高中数学课标中对于统计作出的内容要求要多于概率内容要求,在课标提示的12年级第四学期的最终评价中,统计与回归的分值占比约为20分,而概率的分值占比约为15分,因此习题的编排也符合课标和考试要求的。另一方面,节习题的数量大于复习题的数量,节习题可以帮助学生巩固本节知识并训练技能,复习题可以帮助学生巩固知识,温故知新,体现出"Siyavula"数字化习题对于每课时内容的基础知识和基础技能的重视。

2. 习题数量分析

"Siyavula"数字化习题不仅知识内容丰富,数量也颇多。"Siyavula"数字化习题具备了其独特的在线互动属性,题目设置"动态问题"。"动态问题"是区别于"静态问题"的概念,"Siyavula"认为"静态问题"是指始终保持不变的问题,例如一般的纸上问题,学生多次重复此类问题(尤其是连续重复)并不会帮助学生取得进步。而"动态问题"实际上是将多个问题包装成一个问题。在"Siyavula"在线平台中学生可以单击页面上的"查看其他版本"(View another version)以查看需要新答案的其他问题。"动态问题"设计的重点是:同一问题的不同版本测试的是相同的核心概念,解决此类相同版本的问题需要相同的技能和知识。学生可以尝试任意数量的版本来加强学习。根据上述统计方式得到的"统计""概率"板块数字化习题数量分布如表4所示。

表4 "统计与概率"板块数字化习题数量分布

内容板块	习题数量	同类型题数量	题均同类型题	同类型题最大量
统计	212	1001	4.72	10
概率	172	734	4.27	9
总计	384	1735	4.52	10

由表4数据可知,"统计"与"概率"两个板块中,使用上述统计方式得到的习题数量为384题;同类型题数量共计1735题;题均同类型题4.52题,单道习题同类型题最大量10题。总体来看,统计板块的习题数量多于概率板块,统计板块同类型题数量也远大于概率板块,可以看出统计知识内容的占比是要高于概率知识的。

苏联玛什比茨的研究表明:在对一个典型问题的运算形成解法之前,无论在什么学科中,不同的学生需要1—22次练习不等。[30]也就是说想让学生完全掌握一个知识点,一般需要练习该类练习题20道左右,"Siyavula"数字化习题在"同类型题"这么一点上就得到了很好的体现,为学生提供数量丰富的习题,使不同水平层次的学生可以根据自己的掌握情况尝试更多"同类型题",一方面不会加重优生的学习负担,另一方面也切实帮助到学困生的学习。

3. 习题类型分析

形式恰当的习题练习,可以帮助学生进一步深化、活化知识,提高分析和解决问题的能力。根据前文对数字化习题类型的分类,将"Siyavula"统计与概率数字化习题按照分类进行统计,统计汇总如表5所示。

表5 "统计与概率"板块数字化习题类型分布

内容板块	选择题				填空题			
	常规四选	下拉列表	其他	小计	单空	双空	多空	小计
统计	30	62	11	103	75	22	12	109
概率	33	29	3	65	81	12	14	107
小计	63	91	14	168	156	34	26	216

由表中数据可知,"统计"与"概率"两个板块中,选择题共计168题,占总习题数的43.75%,其中下拉列表式选择题91题,占总选择题数的54.17%,常规四选的选择题63题,占总选择题数的37.5%。填空题共计216题,占总习题数的56.25%,其中单空填空题156题,占总填空题数的72.22%,双空及以上的填空题60题,占总填空题的27.78%。总体上,填空题的数目多于选择题,题目类型最多的是单空填空题,其次是下拉列表式选择题。"统计"板块的习题类型选择题和填空题占比接近,"概率"板块更倾向于设置填空题。

数字化习题的题型设置中,常规四选对于所提出的问题给出四个待选选项,与此区别的下拉列表式选择题,则给选择题提供了更多的可能,选项更多且设置多选,设问一句话中连续设置两空,形式上类似于填空题,但以下拉列表的方式降低了习题的难度,也便于学生作答和计算机批阅。

(二)习题综合难度分析

根据综合难度模型的五个维度对南非"Siyavula"数字化习题进行编码统计,得到如表6所示的数据。

表6 "统计与概率"板块数字化习题综合难度各因素水平分布统计

因素	水平	"概率与统计"10—12年级数字化习题 总计	百分比	加权平均
A 背景因素	无背景	190	49.48%	
	个人生活	110	28.65%	1.73
	公共常识	81	21.09%	
	科学背景	3	0.78%	
B 数学认知	操作	130	33.85%	
	概念	143	37.24%	1.96
	领会—说明	106	27.60%	
	分析—探究	5	1.30%	
C 运算	无运算	168	43.75%	
	数值运算	209	54.43%	1.58
	简单符号运算	6	1.56%	
	复杂符号运算	1	0.26%	
D 推理	无推理	125	32.55%	
	简单推理	236	61.46%	1.73
	复杂推理	23	5.99%	
E 知识综合	一个知识点	307	79.95%	
	两个知识点	67	17.45%	1.23
	多个知识点	10	2.60%	

背景因素上,"无背景"习题的数量最多,其次是"个人生活""公共常识","科学背景"的习题最少。通过分析可知,数字化习题的背景情境还是非常丰富的,习题中体现出生活多方面的应用数学。数学认知因素上,"概念"习题的数量最多,接着依次是"操作""领会—说明","分析—探究"的习题最少。整体上,数字化习题对学生数学认知要求的考查较为适中,但缺少对于复杂、非常规问题的设置。

运算因素上,由于"统计与概率"的知识特点,数字化习题主要涉及"无运算"和"数值运算",在运算上的要求较低,更注重的是数学能力的培养。

推理因素上,数字化习题的推理因素水平以"简单推理"为主,出现复杂推理的习题较少,习题中涉及适量的推理可以提高学生的思维能力。

知识综合因素上,主要为"一个知识点"层次的习题,两个及以上知识点的习题占比20%,数字化习题对于知识点的融合与综合考查较少,多为针对单个知识点的专项练习,而综合性知识点习题的设置可以使不同的数学知识相互沟通,提升学生对数学的整体认识水平。

进一步计算各因素的加权平均值,并绘制如图1所示的雷达图。

从图中可以看出,五个难度因素的加权平均间存在明显差异,五边形有右倾的趋势,说明"Siyavula"数字化习题重视数学认知的培养。其次背景因素和推理的水平也较高,说明对于习题背景的设置较为丰富,习题对于学生逻辑推理的考查也较好。但是在运算、知识综合与思维方

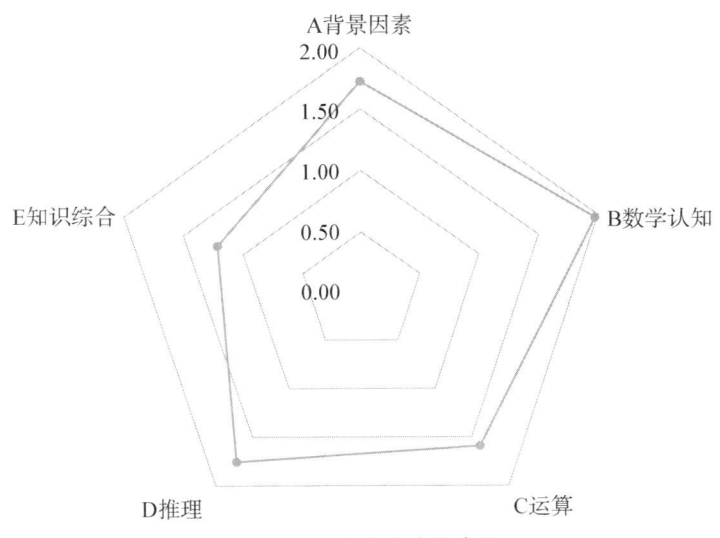

图 1　习题综合难度雷达图

向上水平较低,这是与高中阶段的统计与概率知识内容相联系的,统计与概率知识内容与生活紧密相关,对于运算的要求较低,并且相对于初中知识,高中数学知识更加抽象,每个知识点的难度加大,由此习题更专注于解释说明清楚某一个知识点,帮助学生自我检验。总体来看,"Siyavula"数字化习题对数学认知、推理、背景因素的关注较好,在知识点综合、运算方面的难度较低。

(三) 习题与课程标准一致性比较

根据研究工具中的编码框架与说明,由三位编码人员对课程标准进行编码,得到三组编码结果,运用 SPSS 计算三组课程标准编码结果的肯德尔相关系数,结果显示在 $P=0.01$ 上具有很好的相关性,此编码具有良好的分析可靠性。针对课标编码中有争议和分歧之处进行商讨,必要之处请求专家意见,从而得到了课程标准、数字化习题的二维矩阵,如表7、表8所示。

表7　课程标准编码结果(个数)

内容主题/认知水平	K	R	C	P	小计
S1	2	8	3	0	13
S2	1	3	3	0	7
S3	1	1	1	0	3
S4	0	1	1	0	2
P1	0	3	3	0	6
P2	1	3	2	0	6
P3	0	0	1	1	2
小计	5	19	14	1	39

表8 数字化习题编码结果(个数)

内容主题/认知水平	K	R	C	P	小计
S1	23	38	26	0	87
S2	6	65	31	4	106
S3	1	6	1	0	8
S4	0	8	3	0	11
P1	20	49	42	0	111
P2	7	18	11	0	36
P3	5	9	7	4	25
小计	62	193	121	8	384

对二维矩阵进行标准化处理,根据帕特一致性计算公式计算得到的P=0.713大于临界值P_0=0.5743,因此数字化习题与课程标准的总体一致性较好。具体分析其内容主题和认知水平上的表现,可以得出:

在内容主题上,数字化习题在"统计"中的"数据的整理与分析""线性回归模型"和"统计相关性"的内容少于课标要求,在"概率"中的"相关事件与独立事件"的内容明显低于课标要求,因此在习题编制中要增加以上主题内容的习题占比。

在认知水平上,数字化习题的"复杂程序性问题"略低于课标要求,因此要对此认知水平的数字化习题进行一定调整。总体而言,南非"Siyavula"数字化习题与课程标准的一致性较好。

五、研究结论

(一)以数学数字化习题为抓手推进教材数字化建设

数智时代推进教材数字化建设,要以数学数字化习题为抓手。数字化教材建设是教育信息化的重要组成部分,而数学习题是数学教学中的重要环节。我国数智时代教材建设可以考虑:选择适合数字化转换的习题,如每章节的典型习题、课前复习题等,习题要涵盖足够的数量和类型,保障学生充分掌握基本概念和方法。[31]设计交互式习题,习题应与学生之间形成动态交互,如填空题、拖放题、作图题等,这样既能增加习题的趣味性、互动性又能激发学生思考和积极参与。提供详细习题解析和反馈,帮助学生理解解题方法和过程,同时根据学生的答题情况及时给予反馈,促进学生自主学习和解题总结的能力。配套丰富的教学资源,数字化习题平台应提供丰富的配套教学资源,例如教学视频、课件、思维导图等,扩展学生学习的形式与内容。

(二)以习题个性化推荐为途径探索教材智能化建设

数智时代探索教材智能化建设,要以习题个性化推荐为途径。教材智能化建设是指利用人工智能技术和大数据分析等方法,基于学生个体差异和学习情况的特点,为学生提供个性化的习题推荐。我国数智时代教材建设可以考虑:利用数据统计分析,收集和统计学生的答题数据和表现情况,如考试成绩、作业完成情况、在线学习行为等,智能分析学生的学习水平、知识掌握程度以及学习风格等特征。个性化模型设计,基于收集到的学生数据,设计和开发个性化模型,个性化模型可以根据学生的成绩和需求,将学生划分为不同的群体或类型,并为每个学生提供量身定制的习题推荐。[32]构建知识图谱,将教材知识点之间的关系进行编码,通过对学生答题过程中所涉及的知识点进行建模,推测学生的学习难点和容易忽视的概念,从而更好地为其提供习题推荐。[33]

(三) 以课程标准为指导统筹高质量教材建设

数智时代统筹高质量教材建设,要以课程标准为指导。高质量教材建设需要紧密结合课程标准的要求,确保教材内容与课程标准保持一致,从而更好地服务于学生的学习和发展。我国数智时代教材建设可以考虑:确保数字教材教学目标与课程标准的一致性,明确不同学段学生应具备的核心素养,确保学生通过学习能够适应自身和社会发展的需求。[34]确保数字教材教学内容与课程标准的一致性,教材内容应该涵盖课程标准所规定的所有知识点和技能点,并且要注重内容的科学性、系统性和完整性。确保教材结构与课程标准的一致性,教材结构应该科学合理,符合学生的认知规律和学情特点,应该按照课程标准的要求合理安排教学内容和顺序,使得学生能够按照课程标准的要求循序渐进地学习。[35]高质量教材还应具备高水平的文字表达能力、知识逻辑思维和排版设计思路,做到通俗易懂、简洁明了和图文并茂,以高质量教材促进学生高质量学习。

参考文献

[1] 施久铭,董筱婷.推进教材建设高质量发展 打造更多培根铸魂、启智增慧的精品教材——访教育部教材局局长田慧生[J].人民教育,2021(5):16—20.

[2] 施久铭,董筱婷.建设高质量教材体系 为全面提高人才自主培养质量提供有力支撑——访国家教材委员会办公室主任、教育部教材局局长田慧生[J].人民教育,2023(5):18—21.

[3] 郝志军,王鑫.加快形成中国特色高质量教材体系——习近平总书记关于教育的重要论述学习研究之三[J].教育研究,2022,43(3):4—14.

[4] 杨柳,罗生全.教材建设国家事权:内涵、性质与价值[J].全球教育展望,2023,52(3):113—128.

[5] 刘复兴,曹宇新.建设新时代中国特色高质量教材体系[J].中国高等教育,2022(Z3):24—26.

[6] 刘学智.新时代高质量教材体系建设的着力点[J].课程·教材·教法,2023,43(2):21—23.

[7] 谭方正.加快建设中国特色高质量教材体系的根本遵循、核心向度与实践理路[J].中国编辑,2023(6):4—10.

[8] 王厚红,陆卓涛,赵晓雨.高质量课程教材建设:价值追问、现实路径与未来展望——第四届全国课程与教学青年学术论坛述评[J].全球教育展望,2023,52(5):119—128.

[9] 钟岑岑,余宏亮.中小学数字教材研究20年:历程、特点与展望[J].教育科学,2021,37(6):54—61.

[10] 徐丽芳,邹青.国外中小学数字教材发展与研究综述[J].出版科学,2020,28(5):31—43.

[11] 宋武全,李正福.日本数字教材建设:政策演进、实施路径和问题启示[J].全球教育展望,2023,52(6):89—99.

[12] 张家军,闫君子.新课标背景下数字教材编写的理念体系与实施路径[J].课程·教材·教法,2023,43(3):27—34.

[13] 张蓉菲,田良臣,彭婉,李倩倩.智能时代中小学数字教材设计:逻辑结构及实践理路[J].电化教育研究,2023,44(7):67—74.

[14] 吴永和,颜欢,陈宇晴.教育数字化转型视域下的新型教材建设及其标准研制[J].现代远程教育研究,2023,35(5):3—11,21.

[15] Henze N, Naceur K, Nejdl W, et al. Adaptive hyperbooks for constructivist teaching [J]. KI,1999,13(4):26-31.

[16] Weber G, Brusilovsky P. ELM-ART: An adaptive versatile system for Web-based instruction [J]. International Journal of Artificial Intelligence in Education (IJAIED),2001,12:351-384.

[17] Dolog P, Henze N, Nejdl W, et al. The personal reader: Personalizing and enriching learning resources using semantic web technologies [C]//Adaptive Hypermedia and Adaptive Web-Based Systems: Third International Conference, AH 2004, Eindhoven, The Netherlands, August 23-26, 2004. Proceedings 3. Springer Berlin Heidelberg, 2004:85-94.

[18] Melis E, Goguadze G, Homik M, et al. Semantic-aware components and services of ActiveMath [J]. British Journal of Educational Technology,2006,37(3):405-423.

[19] Sosnovsky S, Hsiao I H, Brusilovsky P. Adaptation "in the wild": Ontology-based personalization of open-corpus learning material [C]//21st Century Learning for 21st Century Skills: 7th European Conference of Technology Enhanced Learning, EC-TEL 2012, Saarbrücken, Germany, September 18-21, 2012. Proceedings 7. Springer Berlin Heidelberg, 2012:425-431.

[20] Chaudhri V K, Cheng B, Overtholtzer A, et al. Inquire biology: A textbook that answers questions [J]. AI Magazine,2013,34(3):55-72.

[21] Wang S, Ororbia A, Wu Z, et al. Using prerequisites to extract concept maps fromtextbooks [C]//Proceedings of the 25th acm international on conference on information and knowledge management. 2016:317-326.

[22] Labutov I, Huang Y, Brusilovsky P, et al. Semi-supervised techniques for mining learning outcomes and prerequisites [C]//Proceedings of the 23rd ACM SIGKDD International Conference on

Knowledge Discovery and Data Mining. 2017:907-915.

[23] Alpizar-Chacon I, Sosnovsky S. Knowledge models from PDF textbooks [J]. New Review of Hypermedia and Multimedia, 2021, 27(1-2):128-176.

[24] Chaplot D S, Yang Y, Carbonell J, et al. Data-Driven Automated Induction of Prerequisite Structure Graphs [J]. International Educational Data Mining Society, 2016.

[25] Yogev E, Gal K, Karger D, et al. Classifying and visualizing students' cognitive engagement in course readings [C]//Proceedings of the Fifth Annual ACM Conference on Learning at Scale. 2018: 1-10.

[26] Winchell A, Mozer M, Lan A, et al. Can Textbook Annotations Serve as an Early Predictor of Student Learning?[J]. International Educational Data Mining Society, 2018.

[27] SIYAVULA. Open Textbooks [EB/OL]. [2023-10-07]. https://www.siyavula.com/read.

[28] 陆吉健,朱哲.南非数学和数学素养课程及其教师培训和启示[M].香港:国际学术出版社.2020.

[29] 王建磐,鲍建生.高中数学教材中例题的综合难度的国际比较[J].全球教育展望,2014,43(8):101—110.

[30] Sutherland R, Winter J, Harries T. A TRANSNATIONAL COMPARISON OF PRIMARY MATHEMATICS TEXTBOOKS: THE CASE OF MULTIPLICATION [J]. Research in Mathematics Education, 2001,3(1):155-167.

[31] 刘铭,武法提,牟智佳.在线课程论坛教师互动问题设计的分类及有效性研究[J].现代教育技术, 2019,29(2):94—100.

[32] 蒋昌猛,冯筠,孙霞,陈静,张蕾,冯宏伟.基于知识点层次图的个性化习题推荐算法[J].计算机工程与应用,2018,54(10):229—235.

[33] 王冬青,殷红岩.基于知识图谱的个性化习题推荐系统设计研究[J].中国教育信息化,2019(17):81—86.

[34] 王宁.从教材编写研究去促进教材高质量发展的探析——以西师版小学数学教材编写为例[J].西南大学学报(自然科学版),2022,44(2):13—21.

[35] 李秋实,刘学智.美国基础教育IMET教材评价标准的构建及启示[J].比较教育学报,2022(1):154—168.

高质量数字化教材体系建设的价值意蕴、基本逻辑与实践路径

曲 锐

【摘要】教材建设是国家事权，数字化教材建设体现了教材建设的时代性和前瞻性。教育数字化是提高教育质量的重要前提，数字化教材是教育数字化的关键领域，是数字教育资源的核心载体。在教育数字化转型浪潮的推动下，立足于教育现代化新的发展阶段，应强化落实数字化教材体系高质量建设的新发展理念，从本体逻辑、实践逻辑、创新逻辑三个维度厘清高质量数字化教材体系建设的逻辑理路。在新技术赋能下形成管理制度、创生机制、保障体系科学统合的高质量数字化教材体系。高质量数字化教材体系是教材体系的创新发展，是高质量教育体系的基础要素。加快高质量数字化教材体系建设为推进我国教材建设赋予新时代意义，为"办好人民满意的教育"提供有力支撑。

【关键词】高质量；教材建设；数字化教材体系；建设机制

【作者简介】曲锐/东北师范大学教育学部博士研究生

The value implication and basic logic of the construction of high quality digital teaching material system and practice path

QU Rui

Abstract: The construction of teaching materials is the responsibility of the state, and the construction of digital teaching materials reflects the timeliness and foresight of teaching materials construction. Education digitization is an important prerequisite for improving the quality of education. Digital teaching materials are the key field of education digitization and the core carrier of digital educational resources. Driven by the wave of digital transformation of education, based on the new development stage of education modernization, we should strengthen the implementation of the new development concept of high-quality construction of digital teaching materials system, and clarify the logical path of high-quality digital teaching materials system construction from the three dimensions of ontology logic, practice logic and innovation logic. Under the ability of new technology, a high-quality digital teaching material system with scientific integration of management system, creation mechanism and security system has been formed. High quality digital teaching material system is the innovative development of teaching material system and the basic element of high quality education system. Accelerating the construction of high-quality digital teaching materials system has a new era significance for promoting the construction of teaching materials in our country, and provides strong support for "running a good education that people are satisfied with".

Key words: high quality; textbook construction; digital teaching material system; construction mechanism

教材体现国家意志,是教师教和学生学的重要工具。数字化教材是对公平包容、更有质量、面向人人、绿色发展、开放合作的教育发展趋势的顺应,也是对终身化、个性化学习方式变革的回应。党的二十大报告指出,"推进教育数字化""加强教材建设和管理"。2019年,中共中央、国务院印发了《中国教育现代化2035》,要求"加强课程教材体系建设,充分利用现代信息技术,丰富并创新课程形式"。教材体系建设是教育现代化的关键工程,推进教材数字化建设是教育数字化的应有之义。作为一种数字教育资源,数字化教材承担着立德树人的教育任务。面对知识形态、认知方式的变革,新时代高质量数字化教材建设应以技术助力于学生更高质量的发展为宗旨,为教材体系建设塑造新动能。因此,新时代高质量数字化教材体系建设首先需要明确数字化教材的价值定位,厘清数字化教材体系建设的逻辑与重点,谋划数字化教材体系建设的实践路径,以助力于高质量教育体系建设。

一、高质量数字化教材体系的价值意蕴

由工业时代的学校教育到信息时代的"大教育",教育在不断适应经济社会的高速发展,释放以数字化为导向的教育潜能。教育数字化可体现为教材数字化、教学过程数字化、管理评价的数据化等。人工智能、大数据、虚拟现实等新技术更新迭代及时融入教育发展的历程中,进一步促进教育数字化的发展,从而对建设学习型社会有重要意义。数字化教材是教育数字化变革的通道和路径。在基础教育阶段,数字化教材面向"数字原生代"受众群体,麻省理工学院教授霍尔顿将数字原生代定义为1980年后出生的人,这个群体从出生起就一直与数字环境接触,他们的媒介素养主要表征为擅长接受大量信息并且有能力处理相应的学习任务,提倡参与式学习的学习方式。由此,要以数字化教材体系建立的时代意涵为价值引领,重塑新时代数字化教材体系的理念内涵。质言之,建立高质量数字化教材体系既是新时代数字化教材的体系化布局,同时也是数字化教材系统化的有效推进。

(一)高质量数字化教材体系建立的本质理解

构建数字化教材的理念体系是数字化教材体系建设的价值导向与内驱动力。数字化教

材是教育现代化的核心体现。数字化教材越来越像一个人,他不但认识你,而且"懂得你的需求,了解你的言辞、表情和肢体语言"。[1]教材的媒介转型是数字教育转型发展的标志性成果。在单向传播的非数字化教育场景时代,教材是"一对多"的知识媒介,[2]数字化使得教育的观念发生了颠覆式的变革。变革的驱动内核是价值观念的重塑。首先,麦克卢汉关于媒介即信息的阐释,启发了数字化教材观念的重塑:以学生为中心,在学校或家里,不受时间和空间的限制,根据自己的需要和水平进行学习,并将现有教材、参考资料、作业、字典等学习和评价工具全部整合在一起,以促进各种互动为目的的教材教与学的方式的转变,弥补了纸质教材的空间缺位。其次,当下的数字化教材,以数字终端为载体,或者说以多种移动终端为载体,PC/手机/iPad,构建专门的平台。由此看来,数字化教材体系的重塑离不开科学丰富的数字资源平台的搭建。数字化教材的数字属性,对国家信息化水平、校园和家庭信息化条件、终端设备等均提出了相应的要求。

构建数字化教材科学完备的管理体系和保障体系是新时代中国基础教育数字化教材体系治理运行的关键举措与现实诉求。《2013年教育信息化工作要点》中将数字教材的研发作为教育信息化的工作重点。2019年教育部颁布的《中小学教材管理办法》提到:"数字教材可参照本办法管理。"从数字化教材建设到教材的管理给出了政策上的观念引领和制度规约。2019年2月,中共中央、国务院印发了《中国教育现代化2035》,其中提出要求加强课程教材体系建设,充分利用现代信息技术,丰富并创新课程形式。教育在未来一个现代化的阶段性发展变革中,引发了教育媒介生态的重构。2018年4月教育部印发的《教育信息化2.0行动计划》明确指出:要将网络教学环境纳入学校办学条件建设标准,数字教育资源列入中小学教材配备要求范围。推进信息技术和智能技术深度融入教育教学全过程。促使教育信息化发展从单纯的技术应用转向了深度融合创新。数字化教材基础资源要体现课程标准的共性要求,确保价值引导更准确。利用数字教材使学习情境可视化,价值导向更易建构。2021年中共中央办公厅发布的《"互联网+教育"发展意见》提出,要完善网络环境,夯实高质量教育支撑体系,具体包括加快教育专网建设……新的教育基础建设资源赋能教育数字化转型,未来数字化教材的普及应用是数字时代技术赋能教育的应用发展。至于数字化教材体系建设是教材从内部到外部自塑方式的建构,它的一个底层逻辑来源于教育数字化水平的不断提高,改变了课堂环境和学习方式,教育数字化迫切需要教材数字化。此外,信息技术的不断更新发展也是数字化教材体系建设中的一个重要变量,需要建立起工具理性和教材属性本质的价值目标互构统一的数字化教材体系。

(二)新时代高质量数字化教材建设的价值旨归

教育数字化是将数字技术整合到教育领域的各个层面,充分利用数字技术的优势促进教育系统的结构、功能、文化发生创变。[3]随着数字技术介入程度加深,数字化教材的本质内涵发生重构：由最开始以语言文字、图形图像等无交互特性的静态媒体为主要内容形式[4]到以数字形态存在、可装载于数字终端阅读、可动态更新内容、可及时记录交互轨迹的新型学习材料[5]。新时代数字化教材体系建设的宗旨是从数字化教材发展的目标、内容与方式等方面塑造数字化教材的新功能，更好地适应教育的高质量发展。

习近平总书记关于教育的重要论述中强调，提高教育治理能力和水平，加快推进教育现代化、建设教育强国。顺应数字时代技术应用的趋势，激发数字赋能教育全过程的实践潜能。由此看来，反映时代特征，构建具有中国特色、世界水准的数字化教材体系是新时代数字化教材体系建设的目标。

二、高质量数字化教材体系建设的基本逻辑

党的二十大报告提出教育数字化的论断，这是党对新时代教育工作的重要战略部署，是建设教育强国的迫切需求。习近平总书记多次强调数字化、网络化、智能化在中国特色社会主义现代化建设中的重要意义。在建设"数字中国"的蓝图旨归下，依靠科技创新驱动教育体系的深化改革，营造高质量的数字教育生态，由此，数字化教材体系的建设及应用对于提高教学质量、促进教育均衡有着极其重要的意义，是实现教育高质量发展的基础工程。加快建设高质量的数字化教材体系是满足教育现代化的根本需要和现实诉求。建设高质量数字化教材体系的本质逻辑就是依托以智能化、多媒化为典型特征的信息技术进步促使教材结构属性质量即教材传播的信息内容和媒介资源的丰富性与教材精准治理的全过程性和管理机制的科学有效性协同一体。高质量数字化教材体系的发展要平衡好工具理性与教材本质属性的关系，整体性推进数字化教材体系建设的实践探索，使其达到优质均衡的生态格局。

（一）数字化教材体系理论研究范式转化的本体逻辑

首先，在新的历史时期要确立基于"媒介性"的数字化教材观，这是面向数字化教材体系理论研究的逻辑起点，也是搭建高质量数字化教材体系框架的理据所依。从数字化教材的发展历程回溯，数字化教材的样态呈现以及使用方式的演变是对教与学模式的一种新要求、新挑战。随着数字教材、多媒体教学材料的出现和推广使用，传统纸质教材作为教育媒介的地位和功能开始受到不同程度的影响。[6]由此产生的教材样态的颠覆性改变，使得教材呈现方式实现了从"共生"走向"融合"的本质跨越。

其次，创新发展数字化教材建设的理念体系、理论模型，挖掘数字化教材体系建设的深层机理。数字化教材平台数据整合的系统性、教材多重媒介嵌入的视听复杂性、数字资源推送更新的可持续性等要求高质量的数字化教材体系是一个较为完整的体系结构。毫无疑问，教材的核心特性即媒介性，数字化教材的特性表征为复合媒介文本。将印刷文字、视频和音频整合到多媒体展示中，提供了一种交流信息的新机会。[7]在教育信息化的时代，构成数字化教材文本的语言符号和非语言符号改变了知识的属性。知识是动态的，数字化教材能充分展现知识

的"时效性",换言之,数字化赋予了知识内涵的丰富性,教材使用的实践转化与教材管理机制创新驱动的有效整合是高质量数字化教材体系的发展目标。通过加强教材研究促进教材质量提升,为新时代教材建设提供研究支持与科学依据。[8]从跨学科的角度架构起教材理论研究范式,转变教材功能,诠释了新时代教材体系建设的内生发展。

最后,"视觉化"的场景有助于双重媒介观念的建构,新时代的数字化教材重塑了教材的媒介功能,这是对数字化教材的理论认知的改变。数字化教材是场景的、体验的、沉浸的,作为一个服务载体与学习者的需求相匹配,完成知识的精准推送,以提高教学质量。从理论上来说,数字化教材可以通过互动性和多媒体功能,帮助学生更好掌握相关知识,也可以增强学生的信息素养,帮助他们适应数字化社会等。换言之,只有对学生发展真正起到独特而不可替代的作用,才是数字化教材存在和发展的根本依据。动态的知识建构有助于催生高阶思维与深层认知能力。[9]

(二)数字化教材体系科学常态化运行的实践经验逻辑

随着教育数字化基础设施建设的不断完善,5G网络的全方位覆盖,数字化学习资源平台的投入使用等,学生使用数字化教材的时间和数字化教材在课堂的利用率激增。麦克卢汉阐释媒介延伸道:热媒介具有"高清晰度",高清晰度是充满数据的状态。[10]如果说印刷品是冷媒介,那么数字化教材相较于纸质教材,提供了丰富多元的信息。通过在不同空间维度使用数字化教材,可以提升学生的自主学习能力,建构起以"自我为中心"的学习模式,如开启制定学习计划、设定学习目标等工具模块,数字化教材平台通过数据要素的收集,对学生学习的全过程进行监测。此外,通过教育资源标准体系的建设,探索数字化教材与学科教学深度应用融合的路径与方法,促进"互联网+教育"向纵深推进。

数字化教材作为教育数字化课堂教学的"媒介",要求教师和学生具备数字素养与技术素养,从而科学规范地使用数字化教材。数字化教材体系高质量运行的主体即教师和学生,这个前提要素往往被遮蔽。相较于印刷形态的传统教材,从教材的关系概念来看,教师、学生、教材三者之间的关系是独立的,而对于数字化教材的运行体系建构,三者之间是互动协作的有机体。由于数字化教材内容体系要素结构和组合方式的转化,提供了一种虚拟学习空间的教学模式。数字化教材作为一种全新的教学载体,使得知识作为信息的传播方式发生了改变。由此,导致教师和学生对话交流的话语生成机制的异化,改革以教师为信息传播主体的供给侧,激活以学生为知识接受主体的需求侧。这不仅对教师学科知识跨度与教学整合能力提出了更高的要求,同时也对学生的媒介素养能力以及在实践中的经验获得有更高的标准,从教材的功能看,增强了教材适用主体的能力。

(三)数字化教材体系治理模式现代化的创新逻辑

首先,把数字化教材体系发展方式的高质量作为高质量数字化教材体系整体格局架构的着力点。2018年,教育部印发的《教育课程教材改革与质量标准工作专项资金管理办法》中明确指出了开展数字教材等新形态教材的研发、试点和推广等教材建设的创新举措。建设高质量教材体系,目的在于提高教材质量,关键在于体制机制的创新。[11]由此可见,优化治理模式,强化统筹协调能力,推动数字化教材体系的高质量发展是教材体系革新的时代路向。教材管理体系将实现制度化、规范化,并走向常态化,有力促进和推动教材治理体系和治理能力现代化水平的提升。

其次,建设优质数字教育资源系统,搭建现代化数字教科书平台,全方位服务教育信息化。在"互联网+教育"的背景下,数字教材的建设及应用对于提高教学质量、促进教育均衡有着极其重要的意义。在数字化教材资源应用普及的初期,没有成形的经验加以借鉴,从"示范引领"到"规模化推进"再到"全面普及"是一种有益的探索。在数字化教材规模化应用的基础上,进一步探索整合各种优质教育资源和应用,加强相关资源和应用的开发力度,合理调整数字资源的具体内容、优化应用的基本普及方式,使得数字化教材治理规范有序。

最后,形成教育制度政策、行业出版标准互构的立体化管理模式。从教材的类属来看,数字化教材是教科书的创新发展,它不仅具备视听要素融合的多媒体特征,还可以嵌入学习工具、学习管理系统、学科资源平台等,形成以"数据"为特征构建的智慧平台,这不仅打破了教材内容的容量限制,还拓宽了学习空间维度。基于此,要有效地利用数字化教材交互学习、及时反馈、过程跟踪评价等一系列功能,一方面,需要有教育制度政策的规约,锚定积极健康的发展方向:对数字化教材拓展内容的严格把关,对数字化教材知识结构要素与课程标准一致性的评价以及学科知识模块运用的多媒体适切性等;另一方面,对于数字化教材开发和出版,需要依据已经制定的数字出版行业标准,使得数字化教材的整个管理体系具有双重规范性。

三、高质量数字化教材体系建设的实践路径

从高质量数字化教材体系建立的价值意蕴以及构建逻辑理路的梳理,阐释了数字化教材体系建设的路径依赖,明确了数字化教材体系建设的必要性和可能性。首先,进一步明确了数字化教材建设的目标定位,即未来的数字化教材是以"知识标准",课程目标为核心的内容建构。其次,数字化教材治理的现代化主要体现为提升数字化教材治理的现代化水平,使得数字化教材的规划与管理规范化系统化。教育行政部门应当在数字教材建设中发挥主导作用,履行审查教材内容、确保教材内容与教学数据安全的职责。[12]从国家层面健全管理制度,健全机制、加强保障、强化措施。最后,实现数字化教材体系制度机制全过程全要素的数字化,使得数字化教材完全融入于数字教育场景。

(一)建立"标准—制度"互构的数字化教材体系的科学管理机制

1. 构建现代化的数字化教材国家制度保障体系

2022年发布的《中小学数字教材质量要求和检测方法》,首次提出了中小学数字教材的质

量要素与要求,其中质量的具体要素包括有效性、完整性、规范性。按照检测顺序依次进行,每个要素的检测符合质量要求时,则执行下一个要素的检测,如某一要素经检测不符合质量要求,直接结束检测。充分利用新技术优势,探索数字教材建设。此外,数字化教材也要严格遵循"凡编必审"的基本原则,切实把握数字化教材的正确价值导向。《中小学教材管理办法》规定:省级教育行政部门应根据本办法制定实施细则。数字教材、教参可参照本办法管理。当前,数字化教材缺少专门的管理办法。应建立健全相关规章制度,依法依规推进数字化教材建设。《数字教材——中小学数字教材出版基本流程》指出,审核与审定是中小学数字教材正式出版发布前应进行的法定步骤,也是保障数字教材政治性的必要流程。总的说来,聚焦加快推进数字化教材治理体系建设,推动数字化教材领导体制和工作体系、把关体系和保障体系的协同治理,建立健全全流程的把关机制。数据要素是数字文明时代的第一要素,教育行政部门还应加强教材管理信息化建设,建立教材信息管理平台和数据库,提高教材管理和服务效率。

2. 探索高质量的数字化教材内容标准体系

数字化教材建设是撬动课堂教学数字化转型、实现优质教育资源共享的基础,重点在于探索新型教材建设标准和知识体系编写规范,[13]研发新型教材互动设计与编辑工具,建设知识图谱、支撑平台和示例教材等,探索基于各种应用场景的数字化教学新模式。数字化教材标准的建设既要考虑数字化教材的本质属性,制定某些强制性标准规约其作为教材属性的基本要求,又要顾及数字化教材本身的数字特性,二者协调统一,建构起系统性多维化的数字化教材标准体系。

3. 开发针对数字化教材评价的质量监测与评价的模型

从内容、教学和评价三方面衡量数字化教材的质量。在内容方面,须反映所在学科的内容,符合教学目标;在教学方面,要提供个性化、差异化、分层化的学习设计,支持学生自主学习,促进学生之间、师生之间的互动与协作;在评价方面,综合采取诊断性、形成性和总结性评价,帮助教师和学生形成学习进展监测和分析的反馈意见,以促进学习的良性循环。数字化教材质量模型要求数字化教材的开发应在国家课程标准的基础上,纳入富有教育性的多元内容和功能。

(二) 基于"工具—资源"关系属性重构的数字化教材体系的内容形式创新机制

1. 建构以数字学习资源为核心,以数字技术为依托的学习共同体

数字化教材作为传播知识的新型媒介,逐渐实现以学习资源供给驱动为发展路向。数字化教材应用于教学方式变革的新的课堂模式中,教学场景空间的重构,由二维空间转化为三维空间,数字化教材在不同的教学场景实现"交互式学习"新的空间维度,另外,数字化教材使得知识的生产者和传播者在同一过程中实现。数字化教材提供自主学习工具,教材平台大数据推送学习者所需求的知识内容。通过数字资源助推数字化教材内容形式的创新模式,培养

具有终身学习意识的高质量人才,即具备终身学习能力的人才,以期建设全民终身学习型社会。

从教育信息化到教育数字化,改变了知识的属性,知识是动态的并且在不断丰富与更新,数字化教材充分展现了知识的"时效性"。无论知识内容如何更新,都是以课程标准为核心,以学习者为中心的。由于教与学范式的颠覆,使得数字化教材将教育优质资源集中共享并形成流动分化,人人获得学习机会。统筹推进,建立健全数字资源建设和应用的工作机制,特别强调工具手段和教育要素的合理嵌入,构建起数字教育资源共享学习模式的互动联通机制。

2. 优化数字化教材的平台功能,构建专门化的教材研究平台

数字教材平台是支持数字教材内容运行的环境,它包括操作系统、查看器等组件。以各种资源平台和应用平台为基础、资源中枢为纽带,构建教育大资源建设及应用体系,推动有序构建"区域融通、共建共享、多级服务"的教育大资源建设与应用生态体系。针对平台体系的复杂性,细化后台数据,提升数字化教材平台管理水平。升级后台管理账号体系,优化数据结构,结合实际需求将教师备授课情况、资源共建共享情况等纳入多级管理和监控。

开发创新数字化教材的平台创新功能,提升以教师和学生为主体的用户体验。通过项目调研,了解一线教师的具体需求;重构平台框架,新增教学课程板块;实现基于素材的备授课;优化用户体验,弱化平台对环境的依赖,支持离线使用;增加学科工具,支持课堂互动教学;完善资源共建共享机制,建设学习社区空间的生成性资源库。

3. 形成数字化教材内容形式的资源整合,打造高品质教材资源库

数字化教材作为师生之间的有效学习通道,形成建设数字化教材资源库。提供完善的数字化教材应用服务,开展资源应用及推广服务。数字教材应用培训。提供面向教育行政管理人员、教研人员、教师和信息管理员的线上、线下多种形式和内容的数字教材应用培训,培训覆盖全体义务教育段教师;应用示范与成果展示,选取有代表性的基础教育学校建设成数字教材应用示范校,组织开展形式多样的示范展示活动,带动整个区域的数字化教材应用。打造数字资源赛事活动。以线上收集评审,线下展示成果的方式,开展数字资源赛事评比活动。

对数字化教材的内容组织与服务系统尤化升级,建构起个性化的移动学习终端,通过教材管理平台充分掌握学生的学习状况以及个性化的学习需求。从教材的功能属性考量,设计与课堂教学适配度高并且能够满足学生个性化学习的创新型教材服务模式,以适应当下匹配度高、及时性强、体验感好的个性化学习服务需求。[14]

维护数字化教材资源库,全过程推进教材信息管理平台、教材的服务功能、教材管理的系统性的建设。总的来说,建立高质量数字化教材体系是新时代教材创新发展的有力支撑,同时也是对教育现代化的有益探索。

(三)聚焦"教师数字素养—学生媒介素养"共生的数字化教材体系安全风险防控机制

1. 指向教师数字素养创设的数字化教材使用主体的责任风险意识

2022年教育部发布了《教师数字素养》教育行业标准,指出了教师的数字社会责任,即在数字化活动中的道德修养和行为规范方面的责任,包括法治道德规范,以及数字安全保护。首先,教师在从事数字化教学活动中,应依法合理使用数字资源,维护积极健康的数字生态环境。其次,教师还应具备数字安全防护技能,对个人的学习数据隐私以及数据上传、存储等传播过程进行安全维护。最后,依据"教师数字素养框架",对教师运用数字技术的教学能力创新,依托数字化教材改变教学模式,强化教师有效利用数字化教材开展教学活动。综上,通过开展数字化教材的宣介工作,教育行政部门做好"把关人",对数字化教材使用主体的行业规约,有指向性地提升教师使用数字化教材的数字素养,在提升教师数字化教学能力的同时,规避数字化教材使用风险。

此外,为教师提供专业的信息化培训课程,内容涉及资源使用培训、同伴辅导、持续的专业学习等;培训目的在于让教师有能力选择符合课程标准、支持所有学生使用的数字化教材,持续提高教师信息化素养。

2. 树立学生正确的媒介素养观应对数字化教材潜在的技术风险

数字技术的引入,使得数字化教材的内容存在着信息风险。数字技术的产生目的主要是服务于人类,但不可否认的是技术也给人类带来负面的影响。面对技术的异化以及数字化教材引发的技术风险,作为教材使用者的人的角色往往被遮蔽。由此看来,提升学生的媒介选择与信息素养,是规避数字化教材技术风险的有效措施。数字化教材的迅猛发展和快速普及,导致行业标准与相应的管理政策跟进不及时,最终引发数字化教材平台资源的泛滥以及教材内容及传播媒体的缺位把关,对教学活动和学生自主学习等方面产生负面影响。面对信息碎片化的时代,开放的学习环境和数字化教材的投入使用对不同学段的学生的媒介素养提出了更高的要求:树立积极健康的媒介素养观,规范使用媒介工具(即与教材呈现的知识内容适切性的媒体表达),强化学生的信息素养能力(即有效操作数字化教材平台系统提供的学习工具等)。

参考文献

[1] 尼古拉·尼葛洛庞帝.数字化生存[M].胡泳,等,译.北京:电子工业出版社,2017:85.

[2] 余宏亮.数字时代的知识变革与课程更新[J].课程·教材·教法,2017(2):16—23.

[3] 祝智庭,胡姣.教育数字化转型的理论框架[J].中国教育学刊,2022(4):41—49.

[4] 罗生全,陈子丽.数字教科书的演进历程与未来路向[J].课程·教材·教法,2021(4):34—41.

[5][13] 黄荣怀.数字化教材、大数据测评、智能学习空间——未来学习,要构建智慧教育新生态[N].光

明日报,2022-04-05(6).

[6] 李政."教材学"的建构何以可能:基于教材媒介性的分析[J].教育研究,2022(1):65—75.

[7] 阿兰·柯林斯,里查德·哈尔弗森.教育大变局:技术时代重新思考教育(第二版)[M].陈家刚,译.上海:华东师范大学出版社,2020.24.

[8] 田慧生.新时代教材建设的若干思考[J].课程·教材·教法,2019(9):4—6.

[9] 何克抗.深度学习:网络时代学习方式的变革[J].教育研究,2022(1):111—115.

[10] 马歇尔·麦克卢汉.理解媒介:论人的延伸[M].何道宽,译.北京:译林出版社,2019:37.

[11] 郝志军,王鑫.加快形成中国特色高质量教材体系——习近平总书记关于教育的重要论述学习研究之三[J].教育研究,2022(3):4—14.

[12] 蔡金花.中小学数字教材建设的政府规制研究[J].课程·教材·教法,2020(9):19—25.

[14] 王钰.场景视域下的移动端数字教材开发[J].出版科学,2020(5):44—52.

指向跨学科知识的实践：
数智时代下德国学校科学教育课程改革的重要特征与时代动向

任 平

【摘要】德国拥有完善的工业制造体系，其职业教育体系享誉全球，学校科学教育（MINT教育）同样发展迅速；国家一直致力于跨学科、创新型、技术型人才的培养，开展了一系列卓有成效的理论与实践探索，对整个国际科学教育的发展产生了积极影响。在"工业4.0"战略计划的背景下，德国学校MINT教育开启了新一轮课程建设，旨在协助个体解决未来社会劳动中的现实问题；其课程目标以培养学生科学学科素养为导向；课程内容以物理、化学、数学为核心领域；课程编制依托主题进行跨学科的知识整合。深入分析德国学校MINT教育课程体系结构，以期为我国科学教育课程开发与实施提供一些有益的经验与启示。

【关键词】人工智能；德国；MINT教育；科学教育；课程体系

【作者简介】任平/广州大学教育学院副教授

Towards the Practice of Interdisciplinary Knowledge: Significant Features and Trends of Curriculum Reform in Science Education in German Schools in the Digital Intelligence Era

REN Ping

Abstract: Germany has a sound industrial manufacturing system, its vocational education system is world-renowned, school science education (MINT education) is also developing rapidly; The state has always been committed to the cultivation of interdisciplinary, innovative and technical talents, and has carried out a series of effective theoretical and practical explorations, which have had a positive impact on the development of the entire international science education. In the context of the "Industry 4.0" strategic plan, the German school MINT Education has started a new round of curriculum construction, aiming to help individuals solve the practical problems in the future social labor; Its curriculum goal is to cultivate students' scientific discipline literacy; The course content takes physics, chemistry and mathematics as the core areas; Curriculum development is based on the theme of interdisciplinary knowledge integration. This paper analyzes the MINT education curriculum system of German schools deeply, in order to provide some useful experience and enlightenment for the development and implementation of science education curriculum in China.

Key words: artificial intelligence; Germany; STEM education; science education; the system of curriculum

我国当前正深入实施科教兴国战略、人才强国战略、创新驱动发展战略，加强教育、科学和人才"三位一体"统筹安排、一体部署，以切实提高人才培养质量。因此，注重科学教育质量，提升青少年的科学素养，为我国科技创新提供更多优秀的后备人才，是推动战略实现的重要保障。跨学科、创新型科技人才的培养也是当前世界各国教育关注的重点，这也使得科学—技术—工程—数学教育（Science，Technology，Engineering，and Mathematics，简称STEM教育）成为国家重要发展战略之一。德国MINT教育，包括数学（Mathematik）、计算机科学（Informatik）、自然科学（Naturwissenschaften）和技术（Technik），旨在培养科学技术创新人才，其教育成效位于OECD国家前列。随着工业4.0进程的不断推进，信息技术的发展和物联网系统的整体搭建，传统的工业生产模式呈现数据化、智能化、个性化的重要特征，培养掌握数字技术、胜任智能化生产的人才将成信息技术时代的必然要求。

德国MINT教育始终将高素质科学技术人才的培养、青少年科学实践能力与研究探索能力作为人才培养的首要目标。为系统认识与理解其课程体系的基本结构，为当前我国中小学科学教育的高质量发展，为课程研制与教学实施提供有益经验，厘清德国MINT教育发展的历史脉络，聚焦其学校体系的课程目标、课程内容、实施路径、保障机制等方面的建设经验，对于我国新时期义务教育阶段科学教育的开展具有重要的意义。

一、德国MINT教育开展的缘起与发展

实际上，在20世纪80年代至21世纪期间，德国高校中的自然科学专业普遍遇冷，科学教育在整个教育体系被边缘化。随着2000年国际学生学业水平测试（PISA）结果的最终公布，德国学生整体科学素养低于OECD国际平均水平，这一结果引发了社会民众对德国学校教育体系质量与科学教育开展了广泛讨论。[1]"PISA震惊""基础教育灾难"成为社会舆论的重要话题。在对教育体系进行深入反思后，德国决定改变科学教育传统的"输入导向"，并将"输出导向"确立为新的目标，即教学从单纯关注知识的获得转变为关注学生的实践，并开始实施一系列全国范围的学校教学质量评估。2003年德国联邦政府在柏林首先提出《国家教育标准的开发》（Zur Entwicklung Nationaler Bildungsstandards）设计框架，界定了新的教育目标、能力模型与评价体系，以保障各联邦州科学教育整体的实施质量。[2] 2004年，为实现各联邦州的课程标准的统一，德国文教部长联席会议（Kultusministerkonferenz，简称KMK）颁布《初中科学教育标准》；随后2007年建立《高中科学（生物、化学、物理）教育标准》，以国家标准

的形式界定了科学教育育人目标的能力领域：学科知识能力、探究能力、交流能力和评估能力，简称"S-E-K-B"。[3]

二、德国中小学 MINT 教育课程建设的主要特征

进入 21 世纪，随着科学技术的迅速发展，工业 4.0 时代的到来，培养具有信息时代科学素养的专业人才成为新的时代要求。德国学校 MINT 教育课程通过系统化的顶层设计、课程内容设置的连贯与融合、实践导向性的教学策略、多主体协同保障体系的运行，推进了课程目标与国家技术创新战略的有机契合，呈现出新的发展特征。

（一）课程目标旨在培养学生形成科学的学科素养

2003 年，德国联邦政府在柏林首先提出《国家教育标准的开发》设计框架，界定了新的教育目标、能力模型与评价体系，以保障各联邦州科学教育整体的实施质量。2004 年，为实现全联邦州初中科学课程的统一，文教部长联席会议先后颁布了包括数学、物理、化学和生物等科学在内多个学科与年级课程标准，正式颁布《初中科学（化学、物理、生物）教育标准》。2020 年 6 月，德国高中标准的出台规定了学生在完成高中毕业时，应在相关学科领域获得的知识、能力要求与具体的学科素养，这也为 MINT 学科教学确立了基本的目标要求。由 KMK 颁布出台的《高中科学（生物、化学、物理）教育标准》确立了四种不同领域的核心能力，并将其分级划分为能力、基本概念、内容三个主要方面。科学教育（化学、物理、生物）学科标准中四种核心能力，包括学科知识能力（Sachkompetenz）、探究能力（Erkenntnisgewinnungskompetenz）、交流能力（Kommunikationskompetenz）和评估能力（Bewertungskompetenz），简称"S-E-K-B"。[4] 综合分析三门学科的课程标准，可以发现以上四个领域被统一划分为多个二级领域，而且二级领域中也明确规定了不同学科的内容要求。但三门学科只是在"基本知识能力"要求方面有所差异，在其他三项能力领域内保持一致。接下来，将结合四种不同的核心能力，按照二级领域的要求与内容规定，结合学业成就输出层级，做详细介绍。

按学生学业成就的输出被划分为多个不同级别，高级水平的层级则被分为三个级别：(1)能够再现概念、方法和技巧；(2)可以适应在新情境下运用概念、方法与技巧的能力；(3)可以利用所掌握的知识与能力，自主地解决问题，反思必要的事实、方法与技巧。学科知识维度还强调应该围绕着少数"基本概念"（Basiskonzepte）进行统整。[5] 该领域能力也可被直接划分为两个不同层级的水平：(1)基于项目模型与理论解决任务和解决问题；(2)对于相关的任务和问题进行处理与实验。

面向真实世界的教学任务：基于情境的科学教育仍然存在一些问题，如学生无法将所学理论应用到实际的探究之中，或是学生可以使用其他简易的替代解决方案，而无须使用特定的科学概念与知识解决问题。《高中科学教育标准》主要通过三个方面来避免这样的问题：(1)真实任务驱动；(2)探究与知识学习紧密交织（探究的过程之中反复回到概念与内容之中，

直到找到解决方案);(3)提出超越科学的解决方案。

学科知识能力(Sachkompetenz):要求学生掌握自然科学的核心知识,能够描述与解释现象、术语、基本原理、概念、定律等核心内容;并可以在解决学科以及日常生活相关问题时,合理选择与使用知识的能力。基于自身学科特性(物理、化学、生物等),三门主要学科在具体学科知识能力层面的要求各不相同。例如,物理学科首先要求使用解决学科任务与问题的模型与理论;其次,需要掌握解决相关学科问题的程序与实验;而生物学科则要求能够关注生物学基本事实,其次则还需要考虑生命系统中的各种关系。

探究能力(Erkenntnisgewinnungskompetenz):总体是指能够运用恰当方法或工具获得所需知识的能力,如对各种散乱的信息进行有效的收集、加工、呈现、分析和反思的能力。具体表现在有能力规范化地进行相关的科学实验;学习者具备自然科学思维与研究能力,可以描述、解释、联系它们,去理解知识获得或建构的全过程,并反思其中的可能性与局限性。[6]学科领域内探究能力的具体要求则可以划分为以下四个二级领域:(1)根据详细的观察与理论支持,能够提出问题与假设;(2)分类并选择专业相关的模型与实施方法,实施调查;(3)分析与反思认知的过程与结果;(4)归纳反思彰显学科特征的重要观点与方法。

交流能力(Kommunikationskompetenz):也被称为交往能力。学习者可以基于对于专业学科术语、学科表述和论证结构的认知,获得专业相关的知识信息,并可以根据具体情境与对象合理地描述学科内容,并与他人交流分享。交流能力的获得则需要基于以下三种具体能力:(1)信息获取:使用专业术语描述简单的科学现象与事实;(2)信息准备:从文本中搜寻并选择相关信息,并可以利用已有知识进行筛选,在不同语境下表达自己的观点、科学解释日常生活现象;(3)信息交流与讨论:完成阐释或者论证某个复杂问题的解决过程。

评估能力(Bewertungskompetenz):基于学科的或者跨学科的视角知识,进行评价;并可以基于多种标准评估相关的陈述与数据,并做出合理、理性的判断与评价;对于生活中常见的科学现象与事实做出符合伦理学的决定,并可以对评估过程与结果进行系统反思。[7]按照课标的基本要求,学科的评估能力则可以划分为以下三个二级领域:(1)批判性决定:能够对内容与信息进行多维度分析;(2)评估决策:基于一定的科学知识形成并支持某种观点,对有争论性的事件做出决定;(3)反思决定的过程与结果:学生能够对不同的观点进行主动辨析,并选择合理的观点来论述,反思相关的决策与最终的结果。(参见图1)

(二)课程内容聚焦物理、化学、数学等学科知识

为了使儿童、青少年可以更早产生对于MINT领域相关知识的兴趣,德国联邦政府非常重视MINT教育在学前教育、小学阶段中的推广。在德国联邦教研部的资助下,全德规模最大、影响最为深远的青少年MINT教育推广项目——"小科学家之家"(Haus der kleinen Forscher)应运而生。该项目强调应以儿童的生活经验为基础,鼓励激发孩子们对科学领域产

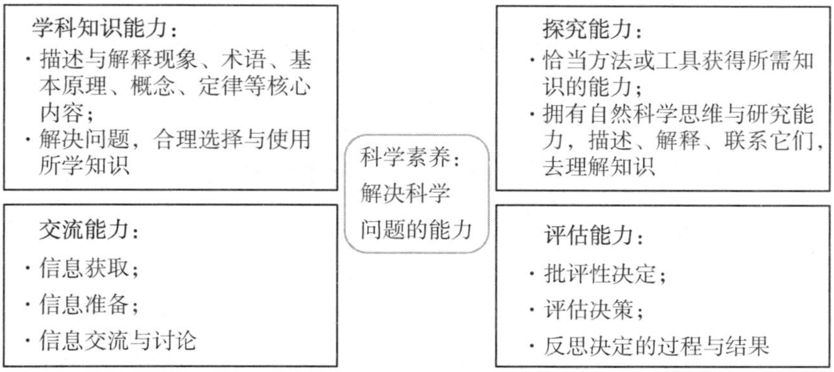

```
┌─────────────────────────┐           ┌─────────────────────────┐
│ 学科知识能力:           │           │ 探究能力:               │
│ ·描述与解释现象、术语、基│           │ ·恰当方法或工具获得所需知│
│  本原理、概念、定律等核心│           │  识的能力;              │
│  内容;                  │  ╭─────╮  │ ·拥有自然科学思维与研究能│
│ ·解决问题,合理选择与使用│  │科学素养:│ │  力,描述、解释、联系它们,│
│  所学知识               │  │解决科学│  │  去理解知识             │
└─────────────────────────┘  │问题的能力│└─────────────────────────┘
┌─────────────────────────┐  ╰─────╯  ┌─────────────────────────┐
│ 交流能力:               │           │ 评估能力:               │
│ ·信息获取;              │           │ ·批评性决定;            │
│ ·信息准备;              │           │ ·评估决策;              │
│ ·信息交流与讨论         │           │ ·反思决定的过程与结果   │
└─────────────────────────┘           └─────────────────────────┘
```

图 1　德国学校 MINT 教育的二维能力结构图

生兴趣,并由教师引导学习基础知识,积累学科的基本经验,并通过高质量的教学开展、教师继续教育、学校研究、教师资格认证等形式为学校和教师提供支持,有效提升学校整体的 MINT 教育水平,培养学生创造实验、探索研究、社会交往、主动学习等方面的能力。[8]

德国联邦州小学阶段(1—4 年级)主要是通过开设数学课、常识课(Sachunterricht)等课程,联系实际生活经验来系统介绍自然、科学、技术、工程等内容。作为小学阶段德语、数学之外的三门主课之一,常识课涉及不同学科领域的诸多内容,主要包括自然、环境、技术、建筑、社会生活常识、交通安全、人体健康等领域的基本知识。该课程的开设旨在培养学生对于数学知识、自然环境、社会人文、日常生活、科学技术领域的兴趣,并帮助学生初步了解人体结构、自然环境、社会生产的基本形式,总体上涉及生物、地理、物理、化学等不同学科的基本知识。作为学校科学教育的重要组成部分,该课程设置有不同类型的实践活动,包括社会实践、科学实验、动手实践活动等多种形式,教学则通过一系列的主题活动将多学科知识融入其中,学生在活动与任务中获得科学知识,培养了认知与理解能力,锻炼了相应的学科技能,丰富了学科的专业知识积累,最终掌握专业的学科技能。

(三) 课程编制依托主题进行知识整合

德国科学教育旨在发展学生的科学素养,在课堂教学中强调实践性知识的学习和跨学科素养的训练。小学阶段注重在常识课中联系学生的实际生活经验系统地介绍自然科学—技术知识部分的内容;中学阶段则通过开设学科专业课程(物理、化学、生物等)、自然科学—技术综合课程,按照学科内容、以跨学科等方式进行 MINT 教育。其中,初中注重培养学生自然科学领域的学科观念,激发对自然科学知识和技术的兴趣;高中的科学教育则主要教授高阶的科学知识,旨在提升学生主动、深度的学习能力,因此如何通过跨学科学习主题强化科学课程中诸多学科知识的内在联系性与系统性,成为高中阶段科学课程设计聚焦的重点。[9]

自 2015 年联合国通过了《2030 年议程》,提出了 17 个可持续发展目标之后,德国也将"可持续性与环境保护"等主题内容融入 MINT 教育中。依据欧盟委员会提出的"智慧城市"的定义,柏林在多所高中开展了一项长期研究项目——"智慧城市——未来的城市"。该项目分为三大主题——"明天的能源""空气污染""空气质量"。学生可以通过不同主题学习多种实践技能,并加深对智慧城市系统概念的理解。第一,"明天的能源"主题。该主题约两课时,项目之初,学生和教师通过"用电地图"等网站调查全球主要城市的用电情况,确定具体的研究问题,即"能否利用可再生能源(太阳能)产生足够的能源来为我们的城市供电"。其次,学生分组合作,运用电子地图估算在城市实际可用于太阳能电池板的区域面积,并利用计算机软件Energy3D 输入所在城市的经纬度及相关数据天气,构建太阳能电池板的年产量分析模型进行数据分析。最后,各小组可以通过海报展示、口头汇报或视频制作等形式展示研究结果。此外,学生还分析了学校目前的太阳能使用情况,尝试联系学校行政部门,建议学校未来配备与补充太阳能电池板的数量。

第二,"空气污染"主题。正式教学开始前,教师会指导学生阅读相关主题的科学论文,帮助学生了解空气污染的基本概念、造成空气污染的原因以及解决空气污染的重要性。在此之后,学生通过全球碳图集等全球在线数据库的统计数据和图表来探索不同国家的空气污染情况,并从二氧化碳排放量、其他温室气体总排放量、碳和能源效率等多个方面分析一个世纪以来德国空气污染的整体情况。最后,学生要求使用联合国碳足迹计算器计算个人在本年度对全球变暖的影响,探讨如何减少生态足迹的策略,以进一步增强青少年环境保护意识。

第三,"空气质量"主题。针对该主题内容,教学实施需要不同学科背景的教师团体,以指导不同学生小组进行实验研究。在理论学习环节,各组学生根据所分配的概念,如气溶胶、有毒气体等,创建演示文稿或海报,并初步了解空气污染物传感器工作的基本原理。实验环节则需要全体学生进行设备开发与分析。各组学生在物理、技术、计算机等学科教师的指导下,尝试自行制作便携式空气质量监测移动设备 CaeliBox 1 和 CaeliBox 2,选定多个污染严重的场所进行实地测量,在同一天内不同时间段与不同天气条件下完成多次测量,最终将来自设备传感器的数据发送到服务器进行记录分析。在分析环节,学生通过创建的关于不同污染物排放以及城市空气质量指数的统计数据与对比图表,调查哪些建筑物、交通和供暖是引起本区域空气质量下降的罪魁祸首,并就如何减少空气污染向市政部门提出具体建议,例如制定新的法律法条,要求司机在停车时关闭引擎等。该项目建立了学生所学的科学知识与真实世界的联系,在思考与探索未来人类可持续发展的实践中,有效发展了个体的科学素养[10]。

2016 年《数字世界中的教育》指出,目前经济生产与职业正在进行着"数字革命",社会各行业对 MINT 专家与高科技产品的需求不断增加。为此,2019 年德国联邦教研部(Bundesministerium für Bildung und Forschung,简称 BMBF)颁布的《数字化战略》中将"MINT行动计划"作为"中小学数字化公约"的重点配套项目,旨在在科学教育中整合数字化教育,加强培养学生与数字技术相关的能力,并为工业 4.0 与数字化转型提供人才支持。自一系列相关政策实施以来,德国近十年的 MINT 教育位于世界领先地位,课程质量、学生数量与就业人数、学历等级等均得到有效提升。[11]

三、德国中小学 MINT 教育课程建设的经验

为提升青少年学习科学的学习热情与持久力,BMBF 在 2022 年正式出台《MINT 计划 2.0》,将"激发并维持年轻人对 MINT 学科的兴趣"作为核心目标,启动了一批涵盖学前教育、基础教育、高等教育以及职业技术教育的一揽子促进计划,并要求各地区学校课程开发应有效整合不同地区的实际情况与特定需求,课程设计注重与生活的联系,帮助儿童在实践中探索兴趣、体验自我效能和发展职业前景。

(一)学前教育阶段激发学生探究科学的兴趣

德国教育专家认为儿童对其周遭环境充满探索的好奇心,因此在学前教育阶段唤醒与培养他们对 MINT 学科的学习兴趣具有可行性。为了长期保持与不断强化儿童的兴趣,联邦政府致力于为之提供不同教育阶段的个性化的支持。作为德国规模最大的学前阶段 MINT 教育项目,"小科学家之家"项目于 2006 年由赫姆霍兹基金会与麦肯锡公司等共同创办,该项目旨在为 3—10 岁的儿童提供 MINT 教育的全面支持,并承担三项重要任务[12]:第一,激发孩子们思考与探究的兴趣;第二,为孩子们提供在自然科学、技术、数学、信息技术领域发现自身优势与潜力的可能性;第三,能够帮助孩子以反思的态度面对技术与社会革新奠定基础,从而促进社会的可持续发展。该项目希望激发儿童对事物的好奇心,鼓励儿童发现问题,并通过自我探究、现象研究来做出猜想、开展实践并尝试运用这些自然科学的思维和行动方式进行学习、解决问题。这既有利于儿童形成相关领域的基础知识,也能够促进其科学思维的发展。

学前阶段的 MINT 教育强调自然科学知识应当融入日常生活中,体现生活实用性,也强调教师与家长一起联合园内外资源为课程提供教学支持。孟科芬家庭之家的"探索人体"项目被评为 2020 年巴伐利亚州优秀示范项目。该项目开展的缘由是幼儿园内一名儿童在滑雪时意外摔伤导致骨折的事故,引发了其他儿童对运动的恐惧,为了解决这一问题,该幼儿园决定开展研究人体构造的科学探究项目,引导儿童反思运动中的安全问题。起初,孩子们对"骨骼"主题很感兴趣,并自发提出"骨骼是由什么组成的?怎么治疗受伤的骨骼?"等问题。随着越来越多的问题被提出,项目关注的范围也自然而然地被扩大了,孩子们还开始关注肌肉、牙齿、心脏等器官功能的问题。教师在讲解时利用彩绘实体书、自制模型与人偶模型等材料,与学生一起思考如何观察日常生活现象,从而生动地描绘人体机能的运作过程。与此同时,家庭、学校与社会的有效合作也为该项目的实施提供了有效的教学支持,例如邀请诊所专家进入幼儿园进行交流、从事医护工作的家长为儿童讲解运动损伤急救知识、新型冠状病毒预防知识等等。[13]

（二）学校MINT教育"教育链"的系统搭建

2022年6月,联邦教研部部长史塔克·瓦特辛格(Bettina Stark-Watzinger)提出《MINT行动计划2.0》,计划指出"我们将为德国各地10至16岁的青少年提供常态化的、有质量的MINT课程"。基于此,德国坚持整体化、网络化的原则,致力于搭建系统的、贯穿从学前教育到高等教育,直至职业教育、继续教育的全部教育过程和教育领域的MINT教育链(MINT-Bildung stärken),旨在使学生、教师、学校、社会等多主体能够有效地参与这一教育生态系统,涉及政府机制、师资培养、评选机制、社会参与等多个方面。[14]

1. 政府机制:发挥教育政策与标准的引导作用

KMK早在2009年出台的《关于加强数学—自然科学—技术教育的建议》中明确提出,幼儿园应当系统地将数学和科学的启蒙纳入儿童的日常教育之中,帮助儿童建立对于自然科学、数学和技术的基本经验,促进他们手工技能的发展,引导其有针对性地观察和认识自然现象,为进入学校系统后的专业知识学习奠定兴趣和认知基础。2003年与2007年,KMK先后颁布了初中、高中包括生物、化学和物理学科在内的多个学科和年级科学教育的标准,为各联邦州中小学教育提出了更加明确和可参照的质量标准。此外,为了营造良好的社会学习环境,BMBF同期启动了MINT开发资源平台("MINT-E")和网络中心,以系统和信息化的方式实时展示了各地区的MINT教育的资源,以积极开展展示活动、年度科学节、交流论坛等形式进行宣传,效果显著。

2. 师资培养:优化MINT教师专业发展机制

优秀专业师资对保障MINT教育质量而言至关重要。德国多所高校通过执行一系列特色MINT师资培养计划,积极打造一支专职的师资队伍,例如柏林自由大学的"MINT教师教育新理念"(MINT-Lehrerbildung neu denken)、慕尼黑工业大学的"TUM@School. School@TUM"、多特蒙德工业大学推行的"dortMINT"项目等。德国联邦政府与各州协商决定,加强教师各培训阶段的衔接性以提升专业师资质量,同时吸引更多相关学科教师群体参与到专业培训中。为此,联邦政府投入教师培训项目的资金总额高达5亿欧元,有效地提升了MINT教育的师资水平,以保障为当地MINT领域的教师提供免费的集成化自学课程。

（三）科学评选机制保障课程实施质量

为进一步推动德国MINT教育的发展,2008年5月,KMK、联邦州企业雇主协会以及企业联合启动了年度德国"MINT友好学校"评选活动。该项目通过综合考察申请学校的课程设置、校内外课外活动、竞赛、就业指导、合作企业与机构等方面实施的整体效果,确立区域性标杆学校的示范作用,进一步推动基础教育阶段相关课程的有效开展与实施,调动与培养学生学习数学、信息、科学等学科的兴趣,并提升高校相关专业的吸引力,积极推动学校、企业、科研机构的有效合作与协调。

更高级别的一类评选则是全德范围内"MINT 优质示范学校"(MINT-EC)，其是全境内高中阶段以及数学—自然科学—技术模块示范类学校联盟，用以表彰倡导创新与启发性学习的优质学校，被誉为"MINT 教育领域内的灯塔"。此类学校可以为完成相关课程的毕业生颁发 EC 资质证书，用于表彰该领域成绩优异的学生。凡是申请入围的学校都需要满足以下四个基本标准：(1)学校开设的数学以及包括物理、生物、化学、信息在内的所有学科都满足 MINT-EC 评选的所有要求。(2)基于 MINT 的理念框架，数学—自然科学学科应当成为教学的重点。在中学的两个阶段，应当积极协调好教育目标、教育对象、教学目标达成度、校内外课程开设等领域。(3)学校需要达成教育信息化发展的基本要求，即学校需要装备合适比例的信息化设备与技术，并开设独立的信息技术课或者开设一门综合性课程。(4)多媒体(技术)理念应该确立为学校教学计划的重要理念，并确立其为教育装备与教师继续教育的重要方向。[15]除了以上四个基本标准，相关学校还需要按照学生能力水平，开设不同层级的 MINT 课程、设立 MINT 课程兴趣协会、举行校内外学科竞赛、奥林匹克学科竞赛等。

(四) 多种类型的社会组织机构提供丰富的校外资源

MINT 教育与人才培养不仅仅通过学校来实现，各种社会组织也是推动其发展的重要组成部分。目前为止，全德已有约 250 家公司和研究机构助力此类项目，其主要宗旨是"为年轻人提供 MINT 教育服务"。多个社会组织与企业或高校建立合作，共同为青少年提供许多专业化、个性化的实验室、工作坊、博物馆等场所，打造校外科学课堂。例如，由德国 26 个研究机构的科学家和欧洲粒子物理研究实验室(CERN)联合发起的天体和粒子物理学习项目；始于 2018 年"芯片实验室"竞赛项目，旨在向青少年介绍芯片设计的基本知识，促进其对芯片技术的兴趣。[16]

当前，为应对全球能源、数字化转型带来的诸多挑战，德国将 MINT 教育作为经济发展和竞争力的核心，并坚持以职业发展为导向，加快行动步伐，培养更多具备科学素养的后备人才。2022 年 6 月，BMBF 宣布启动 MINT 教育行动计划 2.0 的第二阶段，旨在实现区域网络化、持续化、基础更为广泛的 MINT 教育。[17]德国 MINT 教育之所以能够构建起全面扩展和整合课外的课程体系，并取得教育成效，很大程度上得益于其贯穿教育各类型、全阶段的教育链，以及由社会各界组织汇集而成的 MINT 教育集群(MINT-Cluster)，它为各区域的青少年提供最为广泛的学习机会，并能够潜在地激发其学习兴趣。作为德国推进"数字化战略"的重点项目之一，近年来 MINT 教育也着眼于学生数字素养的发展，一方面，教育内容上逐渐凸显数字化、信息化、技术化的导向；另一方面，联邦政府为各州中小学投资建设数字化教学设备，并对教师进行数字化教学的培训，助力教师整体数字教学能力提升，效果显著。

四、借鉴与启示

重视青少年科学素养教育，增强其科学兴趣、创新意识和创新能力，这是关系到中华民族伟大复兴、关系到能否全面建设社会主义现代化国家的重大问题。[18]通过比较与分析,德国学校MINT教育课程建设的具体经验可以为我国学校科学教育的开发与实施提供一些新的视角,值得深入反思与讨论。

(一)制定符合时代发展要求的科学教育推进法律

德国学校高度重视学生完备科学素养的培养,使学生不仅了解相关学科的专业知识,更需要掌握基本的科学方法,树立严谨认真的科学思想,崇尚科学精神,并使学生具备一定的运用和处理实际问题的专业能力。联邦政府为系统推进科学教育的发展,在过去的20年制定了多项科学教育政策,实施了多项教育计划。依法治教是世界各国改革与发展教育的基本经验,也是科学教育改革与发展的有效措施。因此,我国应制定符合时代要求,凸显科学教育特征的官方政策与法律法规,各级教育部门则可以依法制定改革科学教育的具体规定与措施。我国学校科学教育课程建构应当以人的全面发展为前提,将其作为综合性跨学科课程,树立以科学探究能力为导向的课程目标,将培养科学学科素养作为课程的核心内容。有效整合相关学科的知识,协调"育人"与新时期"社会经济"发展之间的密切关系,发挥科学教育的育人与推动经济发展的双重功能,旨在促进个体的全面发展,并帮助学生有效适应数字化和信息化的社会生活与未来职业需求。

(二)推进科学教育专业师资建设与教学设备的完善

专业的师资质量和专业的教学设备有效保障了德国学校MINT教育整体的质量。不同于我国科学教育教师多为兼职或者其他学科转岗教师的情况,德国很多高校都开设有科学教育师范专业,为学校科学教育的开展提供了专业的师资保障。缺乏专业的科学教育教师是限制我国中小学科学教育发展的突出问题之一。如何建立和完善科学教育教师的培养和培训体系是当前科学教育改革的关键问题。此外,作为制造业、工业水平高度发达的德国,各类学校一般都拥有专业的教学设备与独立的教学场所,为科学教育课程的有效实施提供专业的设备保障。比如,很多学校都设置有生物技术、化学实验、物理、信息技术的专业教室;一些实科学校的校园车间,不仅包括常规手工作坊所需的打磨工具,甚至还装备有3D打印机、先进的数控机床等专业设备。相比而言,我国科学教育还仅仅局限于课堂中的知识传授,学生动手参与实践的机会较少,即便拥有专业的教室也难以配备专业的教学设备与机器。但是随着时代的发展,学校科学教育得到越来越多相关部门的重视与关注,教育行政部门、学校、企业也应当加强联系,积极互助合作,以便可以为新时期学校科学教育的有效实施提供更多专业的设备支撑,以及可供学生亲身探索的实践场所。[19]

(三)营造学校、企业与社会联合发力的良好氛围

德国学校MINT教育创设了类型丰富的实践活动,旨在通过科学探索实践对学生进行系

统的专业学科指导,帮助学生树立正确的科学教育价值观和职业观。值得注意的是,其实施教育的场所不仅仅只是局限在教室,更多则是在学校车间、企业工厂、实验室、高校研究所、手工作坊等地。这说明,无论是企业见习、生产实践、实地考察都离不开来自企业、工厂、政府部门、科研机构等社会各界的全面支持。只有这样,学生才能获得符合其自身兴趣与能力特长的实践机会,并在专业人士指导下,全面认识与评估自己。相比而言,当前我国学校科学教育内容偏重理论传授和价值观陶冶,学校科学课程实施的方式也较为单一。鉴于此,我国教育主管部门应牵头,有效加强学校与政府相关部门、企业、工厂等其他社会各界的联系,以达成培养符合时代特征的科学观、职业观、价值观的社会共识,构建我国新时期"学校—企业—社会"一体化科学教育课程系统。

(注:本文发表于《全球教育展望》,任平,贺阳. 超越 STEM:德国 MINT 教育课程体系建设的主要特征与时代启示[J]. 全球教育展望,2024,53(10):3—19,有修改。)

参考文献

[1] KREMER K, FISCHER H, KAUERTZ A, et al. Assessment of standard-based learning outcomes in science education: perspectives from the German project [M]//BERNHOLT S, NEUMANN K, NENTWIG P. Learning outcomes in science education: making it tangible. Münster: Waxmann, 2012:201-218.

[2] Institut der deutschen Wirtschaft. MINT-Frühjahrsreport 2022 [EB/OL]. (2022-05-24)[2023-05-14]. https://www.iwkoeln.de/fileadmin/user_upload/Studien/Gutachten/PDF/2022/MINT-Fr%C3%BChjahrsre port 202.pdf.

[3] Kultusministerkonferenz(KMK). Bildungsstandards im fach biologie für den mittleren schulabschluss [EB/OL]. (2004-12-16)[2018-05-10]. https://www.kmk.org/fileadmin/Dateien/vero effentlichungen_beschluesse/2004/2004_12_16-Bildungsstandards-Biologie.pdf.

[4] Kultusministerkonferenz(KMK). Bildungsstandards im fach physik für die allgemeine hochschulreife [EB/OL]. (2020-06-18)[2020-08-28]. https://www.kmk.org/fileadmin/Dateien/vero effentlichungen_beschluesse/2020/2020_06_18-BildungsstandardsAHR_Physik.pdf.

[5] 肖龙海,金玉宏. 德国高中科学新标准探析[J]. 全球教育展望,2021,41(10):97—98.

[6] 胡玉华,孙昕宇. 德国科学教育改革:从知识导向到能力导向[J]. 中小学教育管理,2016,(05):100.

[7] Kultusministerkonferenz (KMK). Bildungsstandards im Fach Chemie für die Allgemeine Hochschulreife[EB/OL]. (2020-06-18)[2023-12-26]. https://www.kmk.org/fileadmin/Dateien/veroeffentlichungen_beschluesse/2020/2020_06_18-BildungsstandardsAHR_Chemie.pdf.

[8][12] Haus der kleinen Forscher. Mission:Stiftung Haus der kleinen Forscher[EB/OL]. (2022-03-

20)[2023 - 05 - 14]. https://www.stiftung-kinder-forschen.de/fileadmin/Redaktion/4_Ueber_Uns/Stiftung/220128_HdkF_VisionMission_Web.pdf.

[9] BMBF. Perspektive MINT-Wegweiser für MINT-Förderung und Karrieren in Mathematik, Informatik, Naturwissenschaften und Technik[M]. Berlin: Bundesministerium für Bildung und Forschung, 2012:78.

[10] 任平,林嘉雯.德国MINT教育:让中小学生始终保持对科学教育的兴趣和热情[J].人民教育,2023(11):73—76.

[11] Bundesministerium für Bildung und Forschung: Mit MINT in die Zukunft! Der MINT-Aktionsplan des BMBF[EB/OL].(2019 - 02 - 11)[2023 - 11 - 18]. https://www.bmbf.de/SharedDocs/Publikationen/de/bmbf/1/31481_Mit_MINT_in_die_Zukunft.html.

[13] Technik Zukunft in Bayern. Frühe MINT-Bildung Highlights aus den Projekten Es funktioniert?! und Miniphänomenta in Bayern[EB/OL].(2023 - 03 - 01)[2023 - 05 - 14]. https://www.tezba.de/fileadmin/projekte/FruehMi/Fruehe-MINT-Bildung_Web.pdf.

[14] 德国的MINT"教育链"的系统搭建[EB/OL].(2019 - 07 - 23)[2024 - 02 - 12]https://baijiahao.baidu.com/s?id=1639779469809218540&wfr=spider&for=pc.

[15] MINT-EC-Das nationale Excellence-Schulnetzwerk. Alles zur Bewerbung[EB/OL].(2016 - 12 - 02)[2023 - 05 - 14]. https://www.mint-ec.de/mint-ec-ueber-uns/.

[16] 袁磊,金群.在STEM教育中走向未来——德国STEM教育政策及启示[J].电化教育研究,2020(12):122—128.

[17] BMBF. Perspektive STEM—Wegweiser für MINT-Förderung und Karrieren in Mathematik, Informatik, Naturwissenschaften und Technik[M]. Bundesministerium für Bildung und Forschung, 2012.

[18] 丁邦平.培养科学素养"从娃娃抓起"[J].人民教育,2021,(22):123.

[19] 丁邦平.全球化视野下学校科学教育改革的观察与反思[J].湖南师范大学教育科学学报,2021,(09):10—17.

让个体与学科建立意义联结的知识最有价值
——基于学生视角下的科学叙事证据

杨淏璇　唐佳欣

【摘要】研究基于"数智时代"对知识价值论更新的要求与启示、已有研究"日常实践"转向的局限性，以及课程思想史中的叙事转向，提出"让学生与学科建立意义联结的知识最有价值"并提供了主体视角的经验证据。而后，通过科学叙事揭示个体与学科建立意义联结的个性化和多样化特征，并进一步分析这种意义联结的建立过程。一方面，个体在特定情境的"需要"是与知识建立"实用性"意义联结的契机；另一方面，了解真实科学实践及其局限性，针对知识形成有限但基于理性的情感认同，对个体建立与科学的意义联结和应对后真相时代的挑战至关重要。最后，提出应将课程研究中的学生兴趣带回来，重视认识论学习，强调学校与社会的协同参与。

【关键词】知识价值；学科意义联结；日常实践转向；叙事；科学知识

【作者简介】杨淏璇/华东师范大学课程与教学研究所硕士研究生
　　　　　　唐佳欣/华东师范大学课程与教学研究所硕士研究生

The Most Valuable Knowledge is to Construct Meaningful Relevance Between Individuals and Disciplines
——Based on Scientific Narrative Evidence from the Student Perspective

YANG Haoxuan　TANG Jiaxin

Abstract: This study is grounded in the demands and implications of the "Digital Intelligence Era" for the reevaluation of knowledge value theory, limitations of prior research related to the "everyday practices" turn and the narrative turn within the intellectual history of curriculum. The study points that knowledge which fosters meaningful relevance between students and disciplines is of paramount value, and providing empirical evidence from a subjective perspective. Subsequently, through scientific narratives, it reveals the personalized and diverse characteristics of individuals' establishment of meaningful relevance with disciplines. Furthermore, it explores the process of establishing these meaningful relevance.

On one hand, individuals' "needs" in specific contexts serve as opportunities for establishing "practical" connections with knowledge. On the other hand, it emphasizes the importance of individuals gaining insights into real scientific practices, understanding their limitations, and cultivating a limited yet rational emotional affinity with knowledge as a foundation to establish meaningful connections with science and address the challenges of the post-truth era. Ultimately, the study suggests the reintegration of student interests into curriculum research, underscores the significance of epistemological learning, and highlights the collaborative involvement of schools and society.

Key words: knowledge value; disciplinary meaning relevance; turn of everyday practice; narrative; scientific knowledge

"什么知识最有价值"始终关涉着时代与社会情境,斯宾塞等所强调的"占有客观科学知识最有价值"的观点在如今或已被扭转,甚至是随风消逝了。互联网、大数据和人工智能等信息技术的发展催生了数智时代,[1]为知识价值论带来新的挑战与机遇。如今,我们既可借由"互联网"随时获取客观性的知识,又可因为个人信念、情感对外界声称的所谓科学、客观的知识置若罔闻,教育者甚至都无从了解学生想在、会在互联网上学习到的知识。我们或有必要审视长期以来对知识客观性、崇高性、价值性的先验认可,和课程思想史的转向一样,回到有"人"的真实的生活情境中,重新发出一个更根本性的质疑,即"在'我'并不'想要'的时候,客观知识对'我'还有价值吗? 最有价值的知识要如何才能发挥出其价值呢?",从而将衡量知识价值的主体——人的维度带回来,探寻知识价值客观实在性与主观建构性间的张力与关联性。

本研究首先分析斯宾塞"科学知识最有价值"这一论断面临的时代挑战,以及"数智"时代重视个体经验、情境化运用等特征对知识价值论更新的要求与启示;而后,发现时代转向下关于"什么知识最有价值"的已有观点均强调知识的"情境维度",并反思其"实用性"倾向的可能局限性;随后,梳理课程知识选择的思想历程,得到重视"主体意义视角"和"叙事方法"的启示。由此,结合"个体在日常生活中如何看待科学"的叙事证据,提出"让学生与学科建立意义联结的知识最有价值"的应然性教育观点,并从学生与知识建构了何种意义联结、这种意义联结是如何建构的两方面进行阐释,从而思考如何基于实然性的课程化思维让"最有价值的知识"落地生根。

一、缘何要重新回答"什么知识最有价值":看见人所处的数智时代与真实世界

"学什么"是会"过时"的。1859 年,赫伯特·斯宾塞(Herbert Spencer)提出"什么知识最有价值"的经典之问,并在 19 世纪中叶英国率先完成第一次工业革命的时代境遇下,以"科学知识"作为答案,认为科学知识相较于其他知识更具有"直接和间接自我保全、养育子女、公民

生活、闲暇生活与审美"等为完满生活做准备的实用价值。[2][3]这一方面反映了当时社会发展、功利主义的必然要求；另一方面也暗示了学校教育之于让学生获得这类边界强、壁垒高的专业知识的重要地位。然而，在互联网技术日益发展的当代社会，知识的获取壁垒被一定程度打破，我们可以便捷地检索查阅各类知识，可以溯源、比较多个信息的可靠程度，甚至直接得到chatGPT等人工智能的综合性答案，知识的总体容量和更新速度也预示着人脑不可能无限"储存"不断涌现的新知识，这使得通过学校教育去"占有"知识变得不必要也不可能。同时，信息技术的高速发展伴随着知识不确定性与情境复杂性带来的潜在风险，尤赫·拉利（Yuval Noah Harari）在《人类简史》中指出，"人类其实一直生活在后真相时代……在信息爆炸的时代只相信符合自己价值观的事实"，良莠不齐的信息充斥人们的生活，可疑信息的传播变得更快更容易，[4]而学生很难避免欺骗，[5]这是一个"情感、个人信念大于理性和客观知识的社会时刻"。[6]由此，我们有必要在数智时代更新知识价值论，并乘上技术革新的东风，打开教育学的想象力，思考让知识对主体具有价值的更多可能性。

与此同时，数智时代本身也为新的知识价值论提供了可能与启示。从信息化、数字化、智能化到数智时代，不仅是效率和可接触性（accessible）的提升，更是基于数智技术发展进行管理模式与运作机制的创新，从而实现"数据的价值，智慧的共享"，[7]这也为本研究带来了观点与研究视角的启示：从知识论上看，一是应重视与个体经验相关的个性化、多样化、去中心化知识的价值，通过新方法、新机制"把人的经验通过智能体给贡献出来"；[8]二是注重建立不同类知识之间的关联性，并将知识置于情境化的问题解决实践中，实现知识的价值，即"打通数据'端到端孤岛'，结合场景化解决问题"，[9]已有研究也认为数智时代的学习应关注学生的学习体验，注重知识的情境化运用与深度理解。[10]从研究视角上看，不应止步于论辩某类特定的知识最有价值，更关键的是基于课程思维思考知识的价值何以借由研究视角与方法创新得以可能，"让知识可以在具体与抽象、个体与集体之间形成交互、流转，使分散性、多样化数据可以自下而上地转变为被共享的智慧"。[11]由此，学生主体如何与知识之间建立意义联结的个体经验应该通过叙事方法被看见和挖掘，并在一定程度上启发数智时代学习环境与资源的建设和教学方式的改进。

二、数智时代下"什么知识最有价值"：生活价值与日常实践转向

现有对"什么知识最有价值"问题的思辨审思已经超越斯宾塞"科学知识最有价值"的回答和阿普尔知识批判社会学的研究视角，涉及了知识价值的主体维度、知识的生活价值与日常情境维度转向等方面，但仍有诸多局限。内容上有将教育目标退回至内在主义的倾向，对知识"价值"的主观多元性和建构性缺乏探索，倡导的课程与教学改进存在过于追求规范化、单一化、技术化的工具理性风险；视角上仍"从外部入手"；方法上停留于演绎推理，缺乏经验证据。

(一) 立足知识的"生活价值"(lifeworthy)

戴维·珀金斯(David Perkins)认为传统学校学习停留于了解百科全书式的专业性知识,让学生在灵活多变、兼具未知和已知的未来生活中陷入被动。由此提出能够在生活情境中得到实际应用价值的知识才值得学习,而知识学习能够为生活做准备的关键在于"理解",即学生具有良好的思维能力,并把对知识的理解与思考转化为广泛的应用和一系列的意义建构。[12]

虽然珀金斯看到了个体对知识的理解与意义建构,但该回答一方面有将"有价值的知识"后撤至了万能而宽泛的"思维能力"之嫌,另一方面未能进一步回答学生实现何种以及究竟如何实现对知识的意义建构。更让人困扰的是,有"生活价值"的知识是对谁而言、又由谁决定,进一步就"价值"的类型而言,"生活价值"是单指能应用于生活问题解决的实用价值吗?珀金斯所批判的"义和团运动的细节""多元线性回归方程等知识"[13]真的就对学生毫无意义吗?在科学叙事的访谈中,一位参与者这样为我举例说明物理学吸引他的地方:"你看消防车嘟嘟的轰鸣声其实就可以为宇宙大爆炸理论提供一些支持,我就觉得这个很神奇,消防车怎么可能跟这个宇宙中的东西联系起来。"这说明一些事实性的,看似与日常问题无关紧要的知识可能之于个体有与众不同的意义和价值。

(二) 科学教育的日常实践转向

具体到科学教育领域,对科学素养内涵的讨论同样涉及对知识价值的探讨。鲁道夫(Rudolph, J. L.)指出:"科学素养从来都不是一件具体的事情。它的含义不断变化,这取决于历史时刻的要求。"[14]本杰明·沈(Benjamin S. P. Shen)于1975年第一次将科学素养定义为实用素养、公民素养和文化素养三个部分,并和斯宾塞一样认为"提高生活质量、满足基本需求"的实用科学知识是最迫切需要的,[15]但其例证与谈论对象主要是食物、疾病、困境的"贫困阶层"。随着对科学素养有用性神话的质疑和后真相时代的来临,研究者也开始强调科学知识的"生活价值",体现为科学教育目标与内容的"日常实践"转向。[16]最初的科学素养被界定对科学"事实"知识和技能占有的多寡,而后演变为对科学知识的生产过程——科学实验及其认识论和科学本质观的强调。相比于以上两类科学素养重在预设学生"应该"理解、学会和使用什么,日常实践转向的科学素养强调学生在离开学校之后究竟会"如何在生活中运用"这些理解了、学会了、使用了的知识或技能。[17]其代表人物范恩斯坦着眼于公众如何参与科学的经验视角,提出培养"有能力的外行(Competent Outsider):表现为个体学会在科学与他们的需求和兴趣有关联的时候识别科学,并以有助于他们实现自己目标的方式与科学专业知识来源互动"。[18]无独有偶,奥斯本认为在信息时代需要培养能够获取、甄别并运用信息指导日常决策的"有能力的外行"。[19]虽然范恩斯坦和奥斯本都将培养"有能力的局外人"作为学校科学教育的目标,但奥斯本倡导将科学共同体的认识论和信息甄别策略教给学生,[20]而在范恩斯坦看来,这类与情境主义相对的内部主义方法旨在建立科学实践的优越性、知识稳健性甚至是认识论权威,有将科学素养退回至学科概念和学科思维的倾向,并不能解决个体在后真相时代面临的威胁,[21]认为个体的社会文化身份、兴趣和需要对他们的科学参与方式和意义建构也发挥着重要影响,[22]但并未提供明确的教育处方。

毫无疑问,我们支持范恩斯坦认为应培养"能识别相关性并在日常生活中进行科学决策"的"有能力的外行",但其挽回科学素养"有用性"的初衷和论证逻辑也一定程度将分析限制在"有用性"的框架内,忽视了有用性之外还可能存在"其他"有价值的知识。值得进一步追问的是,学生获得了具有"生活价值"的科学知识,就意味着他们"愿意"用这些知识指导自己生活中的情境化问题吗?但范恩斯坦试图建立科学教育和公众参与科学之间桥梁的努力仍予以我们视角和方法上的启示,其认为应关注人们如何与科学互动的描述性而非规范性主张,即并非说人们应该如何做,而是他们就是在这样做。[23]

三、课程知识选择的思想历程与启示:主体出场,走向叙事

知识选择是课程领域的基本问题,[24]从课程开发到课程理解的范式转换与从客观到主观的知识价值论变化相互依存,经历了从主体的缺失到走向对生活经验、学生意义建构的关注的转变,为本研究的视角与方法提供了启示。派纳指出传统主义的课程开发范式是目中无人的,"是不具备具体生活的一种抽象,课程领域遗忘了实实在在的个体",[25]即课程沦为人类经验抽象化后的知识、术语的集合,忽略和误解了知识个性化的存在。这与"什么知识最有价值"这一经典之问中的主体缺席不谋而合。对"谁的知识最有价值"的追问看似有主体"谁"在场,但此处对知识及其背后权力进行抵制的"批判教育学家"实则以旁观者姿态处于权力关系的"外部"。借用福柯的知识权力观,他们没有意识到知识、权力、主体间的共构关系,从而让知识变成了"意见话语",[26]陷入社会建构的窠臼。

目前关于"什么知识最有价值"的研究也少有从学生主体出发,而有效的权力批判必须从儿童内部主体性的解码入手,理解学生的主体化过程,从而思考"知识的价值何以可能"。[27]处于不同学术阵营的康纳利、派纳和古德森也都不约而同地走向了叙事化的课程研究,[28]这为我们试图通过叙事回答"什么知识最有价值"这一问题提供了理论基础。古德森旗帜鲜明地强调了重建学生主体、叙事与课程之间关系的重要性:"我们该如何看待人们在日常生活中是如何真正参与学习的,以及我们该如何重建以下两者的关系:人们的生活叙事和对人生意义的理解,以及教授相关内容的学校课程。这是我们必须重建的关键纽带。"

由此,我们试图"注视我们自己的内部",[29]以科学学科为例①,通过叙事考察个体如何在

---

① 想要进行实证研究,很难直接从宽泛的知识入手,而不界定学科,选择科学学科的原因有:一是,科学知识相比于更明确自然会用于日常沟通表达的语文、英语学科,具有更强的客观性、外在性,在数智时代面临更大的挑战,相较于数学又更强调其可能具有的生活"有用性"。二是,科学知识作为斯宾塞对"什么知识最有价值"的回答,在新时代下重新进行经验考察,将更具对比性与反思性。也应注意特定学科自身定义域带来的局限性。三是,笔者的研究领域是科学教育。

真实生活中建立与科学知识的联结和互动,从学生主体意义视角出发回答"什么知识最有价值"并提供经验证据,并以此观照"实用性"知识价值取向的局限。

四、学生视角下的科学叙事:让个体与学科建立意义联结的知识最有价值

叙事是"人的一种生存状态或方式",[30]叙事研究对个体的经验和经验建构进行解释性理解。[31]研究深描完整经历基础教育阶段学校科学教育的个体如何理解科学以及如何在日常生活中与之互动,提出分类模型①,并基于个体与科学相关的校内外经历、关键事件、社会文化背景阐述他们如何建构与科学的意义联结。研究遵循方便性和目的性的取样原则,以寻求案例的典型性、多样性、深入性为目标。最终选定15名参与者(详见表1),均拥有大学本科学历,性别和文理专业分布较为均衡,其中12人为双一流建设高校的在读研究生。采用访谈法收集资料,对每名参与者开展90至120分钟的线上或线下访谈。

表1 参与者基本信息

编码	出生年份	专业背景
1-F-W	2000	教育学
2-M-L	2000	通信工程转物理
3-F-W	2000	社会科学
4-M-L	2000	计算机
5-F-W	2000	心理学
6-M-L	1999	工程学
7-M-W	2000	教育学
8-M-L	2000	流体力学
9-F-W	2000	社会科学
10-F-W	2000	社会科学
11-M-LW	2002	环境科学转心理学
12-F-L	2000	药学
13-M-L	1999	计算机
14-F-LW	2000	教育学
15-F-LW	2000	心理学

注:编码方式为序号-性别(M男/F女)-专业背景(W人文社科/L理科/LW高中理科,现专业为社会科学)

(一)个体与学科建立了何种意义联结:知识的实用与审美价值

知识作为外部的客观实在,需在个体那里建立意义联结并在特定情境中激活才具备对主

---

① 需要注意的是,一旦涉及"分类"就必然难以完整丰富地反映个体思维和生活的复杂性,具体到个人身上往往存在一定的交叉融合,同一类型的个体也并不完全相同,而分类模型的意义在于通过类别的差异对照,获得多样化的理解,并描述、揭示需求、兴趣等可能的相关因素。

体的价值。研究根据个体对科学的理解以及与之互动的方式将其分为："有潜力的科学家""有能力的外行"以及不选择科学作为自身存在世界的方式的"其他聪明孩子"三类,其中"有能力的外行"可细分为追求生活实用性的"标准的有能力的外行",享受思维乐趣的"欣赏科学的外行",以及自己不擅长但认可科学社会价值而持续参与其中的"热心的外行",(与科学)差异化的互动形式让我们意识到个体与科学建立的联结是多样的,并不局限于现有观点所强调的"有用性""日常实践转向"。

研究中有三位受访者基本符合范恩斯坦所定义的"有能力的外行",TJX-F-W 会在家人生病时,进行信息甄别并查询相关医学文献,"因为我家里人生病,我都把这些文献查了的,比如去搜过这种 PD-1 的免疫试剂。就是说针对不同的癌症,这种效果到底是怎么样的"。"有能力的外行"也都谈到自己往往未能在学校科学中建立科学知识与自身生活的相关性,后来在生活中产生了问题解决的需求并成功将知识用于生活后,才建立起了科学与自身的意义联结:做蛋糕时,发现蓝莓果酱会变黑,了解到柠檬汁可以抗氧化,自己动手操作一遍之后,意识到原来这就是以前化学课学的氧化反应,以前觉得这就是一个公式、试剂会变色、抽象的分子原子电子、做题,我根本不知道什么叫氧化,第一次发觉以前学的知识其实在生活中可能是有的。(TJX-F-W)

"有潜力的科学家"善于识别科学知识与生活的相关性并掌握奥斯本所强调的认识论规范与信息甄别能力,但不将这种有用性作为自身与科学建立意义联结的主要方式,他们与科学的关系表现为强烈的个人兴趣,甚至是使命感,如"科学在召唤我",以及思维方式上的契合。范恩斯坦指出"有能力的外行,从根本上讲是关于识别相关性:学习了解科学对你最关心的事情有多重要或可能有多重要",但潜在科学家在知识意义建构过程中强调的相关性并不局限于许多研究者认为的实用性"生活价值",而可能是一种思维乐趣或审美趣味。如受访者并非止步于跳闸时知道推空开,而是觉得"上课学到过空开的原理,就很有意思",科学知识吸引他的地方在于"生活中的东西可以获得归宿、不是凭空产生的",上文提到的消防车轰鸣声与宇宙大爆炸理论的关联也是如此。这类仅仅是"趣味"的相关性显然并无多大"用处",但是对于个体建构这样一种与科学的意义联结,即理解、欣赏科学知识、将科学作为理解世界的思维方式至关重要。

这类文化科学素养也并非只有擅长科学的专业人士才能拥有,比如对"欣赏科学的外行"来说,科学并不因为"有用性"而对他们很重要,他们反而满足于许多"无用"的科学理论及其相关性,比如"微波炉热东西无法溶解,我会想到学过的化学里它受液体温度影响,温度越高、容积压越大,就会想通生活中的一些奥秘""理发师说要给我的头发做蛋白矫正,就会想这个工作原理是什么,联想蛋白质高温变性之类的问题,倒也不是出于安全健康考虑,只是感觉脑子里想想这些挺有意思,知道了就很快乐"。由此,科学与自身的意义联结更像是一种闲暇时的审美趣味,比如"看诺奖推送,感觉知道了一些时间和宇宙的奥秘了之后,才能更能理解人的一种生存方式,获得不同的生活体验"。由于这样一种与学科审美性的意义联结,他们往往对科学的认识论、科学实践有较好的理解,在特定情境下愿意并有能力激活科学知识实用性价值的那一面。

由此,研究发现个体与科学知识建立的意义联结具有多样性,应认识到范恩斯坦所说的"识别相关性、认识重要性"和珀金斯提出的"生活价值"并不简单等同于"日常实用性",知识的审美价值也应被承认,欣赏本身也是一种并非只局限于科学共同体内部的意义联结方式。事实上,这也正是范恩斯坦和珀金斯理论核心观点的补丁、缝隙所在,珀金斯在强调"它们应在实际生活中被直接运用"的同时,也认可"应该能够支持实践、政治、社会及审美等各方面多样化的终身学习",[32]范恩斯坦也在文章最后承认并不应该放弃科学的美学、道德、文化那些并非狭隘的有用部分。[33]

(二) 个体如何与学科建立意义联结:重视需要和想要,理解知识的局限性

首先,个体的"需要"与"想要"是与知识建立"实用性"意义联结的重要条件,对比"有能力的外行"和"欣赏科学的外行""有潜力的科学家"发现,前者会在日常生活中因自身对健康的追求,自发寻求专业性科学知识用于解决在意的问题,如主动了解各种糖类的转化机制、查阅文献了解洗发水的化学成分并基于此做出选择、探索护肤美白与基因的关系等,也就逐渐形成了将生活问题与科学知识建立联系,进一步获取、辨别与理解新信息的能力。然而,正如福柯所说的"个体在日常生活中的科学实践可能是一种基于内在兴趣和需求的'选择'而非'必须'",[34]对科学本身充满兴趣的"有潜力的科学家"和"欣赏科学的外行"在日常生活中并未表现出明显的运用科学指导日常生活决策的倾向。需要指出的是,"外行"们不像"有潜力的科学家"一样可以直接调用科学知识储备用于解决问题,但可以在需求、好奇心的驱使下,借助信息技术查阅自学需要的知识。由此,相比于对大量客观知识的占有,更重要的是个体在特定情境的"需要"中"想要"用科学为其解决问题的意愿,由此激活知识重要的实用性价值。

其次,认识到科学知识的建构过程与应用局限性也能帮助个体建立与科学的意义联结,并更好地应对后真相时代的挑战。范恩斯坦也认为承认价值立场和怀疑可能会使科学家在公共辩论中更可信。[35]互联网信息技术的发展使得个体不再仅仅依靠某个科学权威人士获取所需的专业知识,自由地获取和选择科学知识成为可能,这为个体参与科学的需求和兴趣提供了极大的机会和便利,同时也加剧了个体挑战权威人士的趋势。[36]访谈中,"有能力的外行"都在医学与健康领域表现出了挑战专业人士权威的倾向,比如"做彩超,其实我就关注那个病(诊断)就够了,但其实最后我会关注到彩超的各项描述及指标,特别是医生给我说,目前没有什么大问题,你可以再观察的时候,这种模棱两可的判断的时候""其实有很多药它都只是安慰剂,但是市面上卖得很贵……很多药物成分在经过你的肝、胃的时候,可能已经近乎失效了"。这一共同的倾向,让我们惊奇地意识到,或许成为"有能力的外行"的关键一步就是要认

识到科学的不确定性以及社会属性,而不是一味空洞地信任抽象的科学及其权威代表,而是认识到科学产生的是但也只是"相当好的知识"(pretty good knowledge),[37]这种质疑反而可能代表个体开始真正了解科学实践、与理解共同体达成共识,并对作为永恒真理的科学"祛魅"的过程,形成一种有限但基于理性的"情感认同",而这也是"有潜力的科学家"所具有的特征。

这一观点也可通过对比未能建立自身与科学意义联结的YKJ-M-LW得到佐证,其既是"其他聪明孩子",也是与"有能力的外行"相对的"边缘的内行"(marginal insiders),他们经历了学校教育中漫长的概念和理论游行,[38]对科学的态度、理解停留于"科学很好、对社会当然很有价值"这样一种天真的相信(naively believe)。这就导致同样是在大学面对课程中重复性实验的枯燥,YKJ-M-LW会觉得这种重复意义不大、十分无聊而感到抗拒,即"他们对科学的理解相当原始,延伸到了实验,但不包括概率和同行评审,并完全忽视了真实科学工作的漫长而混乱的劳动",[39]而有潜力的科学家们如PSY-M-L则往往能理解、认可这种重复在特定阶段的意义。更糟糕的是,一些证据表明,这种方法阻碍了学生从事科学职业,使他们对科学不那么感兴趣,对科学的"一知半解"也可能使其对自己寻找和使用科学信息的能力不那么自信。[40]

五、讨论与启示

研究将从学术研究的生长点、应然目标与实然课程内容间的张力、学校教育需要的社会协同三方面出发,思考新时代知识的价值何以可能,让孤立的个体经验和学科知识转化为与个体具有意义联结的学科思维、情感兴趣与实践品格。

(一) 把学生与兴趣带回来,扭转课程研究的优先级

美国《K-12年级科学教育框架》提出了美国科学教育的总体目标,第一条是学生能够意识并欣赏科学的奇妙与美丽,沙莫斯(Shamos, Morris H)更是认为学校教育只需要培养公众对科学之社会文化意义的欣赏即可。[41]从上述叙事中也可看出,对特定学科知识的内在审美趣味、思维乐趣是一种并不少见的意义联结方式。古德森指出,在后疫情和不确定性的时代,需要考虑扭转雷顿(D. Layton)"学术性传统(academic tradition)、实用性传统(utilitarian tradition)、教育性传统(pedagogic tradition)"科目演化的三阶段模型,[42]不再将客观外在、预先确定的知识价值作为顶端,而是关注学生的学习经历及其需求与兴趣。

或许正是由于我们长期默认了"兴趣""主体"的重要价值,造成其因"共识"反而不在场的悖论,如今有必要重新将"兴趣"带回学术思考中,意识到知识价值的主体性,即在我"想要"以科学(或其他学科)的思维方式理解世界的时候,客观知识对"我"的价值才能被激活。我们应该尝试让"知识的价值"从我们假定的学生"需要"或"最有价值"转向到学生自己"想要"什么,意识到教育不仅仅是为了"应对"复杂的世界与时代的转向,更关键的是帮助个体在这个时代寻求自我意识与存在方式,思考"在信息技术时代与知识经济中,如何让学生能够享受学习的

心流(flow)",[43]而重视学生的兴趣与知识的审美价值,对如何在数智时代学会享受闲暇、实现自我发展更是至关重要。

(二) 反思"日常实践"的实用与内在主义风险,关注认识论学习和知识间的转化

奥斯本认为,"只有重新审视科学素养的概念,关注有能力的局外人的需求,询问需要什么样的具体知识和能力,才能实现变革"。[44]叙事证据告诉我们,对"有潜力的科学家"和"欣赏科学的外行"来说,科学的意义并非就是能将知识用到生活里或用信息甄别技能、论证能力去找到答案,关键是那一套独特的理解世界的思维方式,带来思维上的乐趣和好奇心上的满足。对学科知识的理解与欣赏并非空洞的号召或说服,需要借助科学史学习、了解并参与真实的科学学科实践来实现,"历史研究提供了一个机会研究科学家如何犯错、根本性概念变化和不确定性的本质,以及文化背景和潜在偏见在科学思想中的作用"。[45]由此,学生应尝试走向对客观知识"建构过程"的理解与欣赏。"Appreciate"一词同时具有理解和欣赏两重含义,科学叙事证明了对学科本质和思维方式欣赏本身也会促成对知识的理解,知识的"审美性"与"实用性"价值、"客观实在性"与"过程建构性"并不对立矛盾,认识到这种一体两面的动态流转关系,引入过程视角,可让历史上一系列对知识"具体和抽象""实用和经典""分化和综合""实用、公众、文化"的分类、对立得以纾解。我们也试图由此澄清,强调学生的意义建构与兴趣并非将知识后撤至后现代主义的多元化与意见话语,试图让孤立、多样的个体经验转化为智慧、方法与人格,强调不同类型知识间的转化可能。

尤其考虑到后真相时代的社会和认识论复杂性,科学教育不应退回到内在主义,将课程内容直接还原为学习"实用"的知识或能力,完全遵循学科研究共同体的实践方式和认识论权威,而忽视学科与生活、社会问题的复杂关系,拒绝承认科学的认知局限性。说到底,笔者确有一个潜在的立场在于,所有知识最终都应成为个体理解世界、存在于世界的一种方式,成为个体生活实践的一部分,比如上文讨论的科学,但又要记住,它也只是一种强大但有限的方式,否则就将成为一种主义。这也是在数智时代强调跨学科学习的意义,即多了解不同学科的思考方式,让它们都成为影响自身理解、生活方式的知识。

(三) 理性审视学校教育之不可为,个体知识的意义构建需要社会参与

面对后真相社会的复杂性,我们必须警惕单靠教育就能解决问题的想法。[46]科学叙事反映出,尽管个体对科学的一些兴趣、知识和技能是在义务教育阶段形成的,但个体往往是在日常生活中逐步甚至偶然地建构了他们对科学的理解。[47]正如莱姆克(Lemke)指出的,"科学并不站在社会价值体系之外……这取决于每个人(拥有)社会共享的习惯、做法和资源,因为它是一个有着历史和基本价值体系的社区的一员"。[48]以一种"更完整的人"的视角来看待个体与科学互动并建构意义的方式,联系他们的科学学习经历后,可能会发现"欣赏科学的外行"尤其是"其他聪明孩子"更像是缺少学校教育干预后的"野蛮生长"。"有潜力的科学家"和"有能力的外行"的兴趣、能力以及对科学的理解,并非全然生长于学校教育的土壤,还源于日常生活和社会公共支持。

这意味着个体知识的意义建构不是学校教育一方的责任,我们需要大方承认学校在让知识的价值得以可能这一点上的局限性,理性审视并明确学校教育的可为与不可为,从而形成与社会的非正式教育和公共支持的长期协同。一方面,学校能做的是通过课程教学为学习者提供概念基础,个体在此基础上建立更具体的和个人相关的意义和理解。通过日常生活中的各种需求、兴趣和动机,这些基础才能够被进一步激活,被运用于日常生活中的各种问题。另一方面,社会及其相关组织机构、个体的社会文化资源需要提供不同于学校和课堂的非正式教育环境,让个体看到现实世界中的复杂和不确定性,从而积极地进行知识的个性化意义建构。

参考文献

[1][10] 陈明选,周亮.数智化时代的深度学习:从浅层记忆走向深度理解[J].华东师范大学学报(教育科学版),2023(8):53—62.

[2] 约翰·布鲁巴克.教育问题史[M].单中惠,王强,译.济南:山东教育出版,2012:300.

[3] 赫伯特·斯宾塞.斯宾塞教育论著选[M].胡毅,王承绪,译.北京:人民教育出版社,2017.

[4] Soroush Vosoughi et al., The Spread of True and False News Online [J]. Science, 2018(6380): 1146-1151.

[5] Wineburg, S., & McGrew, S.. Lateral Reading and the Nature of Expertise: Reading Less and Learning more when Evaluating Digital Information [J]. Teachers College Record: The Voice of Scholarship in Education, 2019(11):1-40.

[6] Oxford English Dictionary. Post truth [EB/OL]. https://www.lexico.com/en/definition/post-truth, 2023-10-17.

[7] 光明日报.解码未来:"数智"时代[EB/OL].(2023-07-27)[2023-10-17]. http://finance.people.com.cn/n1/2023/0727/c1004-40044684.html.

[8][9] 中国新闻网."数字化"到"数智化",一字之差会改变什么?[EB/OL].(2021-05-29)[2023-10-17]. http://finance.people.com.cn/n1/2021/0529/c1004-32116685.html.

[11] 陈霜叶.探索中国教材制度建设的比较优势与可能形态[J].全球教育展望,2019(12):102—116.

[12] 殷玉新,王丽华.论教材知识选择:从"选什么"到"如何选"[J].全球教育展望,2020(4):58—67.

[13][32] 戴维·珀金斯.为未知而教,为未来而学[M].杨彦捷,译.杭州:浙江大学出版社,2015:13,241.

[14] Rudolph, J. L. Scientific Literacy: Its Real Origin Story and Functional Role in American Education

[J]. Journal of Research in Science Teaching, 2023:1 - 14. https://doi.org/10.1002/tea.21890

[15] Shen, B. S. P. Science literacy [J]. American Scientist, 1975(3):265 - 268.

[16][17] 肖思汉. 论科学素养的"日常实践"转向[J]. 全球教育展望, 2017(11):12 - 20.

[18][22][33][38][39] Feinstein, N. Salvaging Science Literacy [J]. Science Education, 2011(1): 168 - 185.

[19][20][44] Osborne, J., & Pimentel, D. Science Education in an Age of Misinformation [J]. Science Education, 2023(3):553 - 571.

[21][23][35][46] Noah Weeth Feinstein & David Isaac Waddington. Individual Truth Judgments or Purposeful, Collective Sensemaking? Rethinking Science Education's Response to the Post-truth Era [J]. Educational Psychologist, 2020(3):155 - 166.

[24] 叶波. 课程知识选择:从"谁的"到"何以可能"[J]. 湖南师范大学教育科学学报, 2018(2):109—113.

[25] Pinar, William F, Reynolds, William M, Slattery Patrick, & Taubman Peter M. Understanding Curriculum: An Introduction to the Study of Historical and Contemporary Curriculum Discourses [M]. New York: Peter Lang, 1995:516.

[26] 迈克尔·扬. 把知识带回来——教育社会学从社会建构主义到社会实在论的转向[M]. 朱旭东, 文雯, 许甜, 译. 北京:教育科学出版社, 2019:11.

[27] 戎庭伟. 福柯、主体性与权力批判——兼论批判教育学的批判理论[J]. 全球教育展望, 2014(5):27—35.

[28] 王文智. 课程研究因何叙事?——基于三段课程学术历程的考察[J]. 全球教育展望, 2015(12):3—13.

[29] Pinar, William F. Autobiography, Politics and Sexuality: essays in curriculum theory 19721992 [M]. New York, United States of America: Peter Lang, 1994:16.

[30] 叶启政. 社会学家作为说故事者[J]. 社会, 2016(2):77—98.

[31] 傅敏, 田慧生. 教育叙事研究:本质、特征与方法[J]. 教育研究, 2008(5):36—40.

[34][47] Falk, J. H., Storksdieck, M., & Dierking, L. D. Investigating Public Science Interest and Understanding: Evidence for the Importance of Free-choice Learning [J]. Public Understanding of Science, 2007(4):455 - 469.

[36] Gunnarsson, L., & Wemrell, M. On the Verge between the Scientific and the Alternative: Swedish Women's Claims about Systemic Side Effects of the Copper Intrauterine Device [J]. Public Understanding of Science, 2023(2):175 - 189.

[37] Waddington, D. I., & Weeth Feinstein, N. Beyond the Search for Truth: Dewey's Humble and Humanistic Vision of Science Education [J]. Educational Theory, 2016(1 - 2):111 - 126.

[40] Osborne, J. F., & Dillon, J. Science Education in Europe [M]. London: Nuffield Foundation,

2008.

[41] Shamos, M. The Myth of Scientific Literacy [M]. New Brunswick, NJ: Rutgers University Press, 1995.

[42] 艾沃·古德森. 环境教育的诞生——英国学校课程社会史的个案研究[M]. 上海:华东师范大学出版社,2001:29.

[43] 陈霜叶,柯政. 从个人困扰到公共教育议题:在真实世界中理解中小学生课业负担[J]. 学子(教育新理念),2013(13):1—3.

[45] Allchin, D. Evaluating Knowledge of the Nature of (whole) Science [J]. Science Education, 2011(3):518-542.

[48] Lemke, J. Talking science: Language, learning, and values [M]. Norwood, NJ: Ablex, 1990:45.

对"数智时代什么知识最有价值"的再认识

秦 琳

【摘要】在当前数字智能化时代,回答斯宾塞"什么知识最有价值"仍然是教育课程教学改革的重要内容,学者主要就此问题提出了两种"新知识观":基于重构主义的面向智能时代新知识观与基于联通主义的回归论知识观。厘清"数智时代什么知识最有价值"之问的逻辑起点与预设立场,并对其进行解构性的反思,应将科学与人文、积极与审慎、整体与分野相结合,才能在较大程度上富有洞见性地深入把握问题的本质,进而基于海量知识、学科教材、数智技术三个维度提出相应策略。

【关键词】数智时代;什么知识最有价值;再认识

【作者简介】秦琳/南京师范大学教育科学学院研究生

Re-understanding of What knowledge is the most valuable in the era of digital intelligence

QIN Lin

Abstract: In the current era of digital intelligence, addressing Spencer's question What knowledge is most valuable remains a pivotal focus in the reform of educational curriculum and instructional methods. Scholars have predominantly proposed two new epistemologie in response to this question: a reconstructionist perspective oriented towards the intelligent era and a returnist epistemology based on connectivism. To elucidate the inquiry into What knowledge is most valuable in the era of digital intelligence it is imperative to scrutinize the logical starting point and presupposed stance. Reflecting deconstructively on this issue necessitates an integration of science and humanities, optimism and prudence, and a consideration of both holistic and specialized aspects. Only through this comprehensive approach can one gain insightful understanding of the essence of the problem. Subsequently, strategies can be formulated based on three dimensions: extensive knowledge, disciplinary textbooks, and data intelligence technology.

Key words: digital intelligence era; what knowledge is the most valuable; re-understanding

面对易变、不确定、充满复杂性和模糊性的当今世界,[1]知识和学习发生着巨大的变化,对斯宾塞"什么知识最有价值"之问的答案一直被刷新,由此在学术界引起了广泛的讨论,提出了具有代表性的"新知识观"。然而"数智时代什么知识最有价值"这个问题含有其预设与立场,且可进一步加以引申与阐释,具有丰富的内涵与外延。"前提"也往往决定着"答案"的准确性、客观性和深度。因此本研究通过厘清"数智时代什么知识最有价值"的逻辑起点与预设立场,并对其进行解构与反思,应将科学与人文、积极与审慎、整体与分野相结合,才能在较大程度上富有洞见性地深入把握问题的本质,进而提出相应策略,试图助力我国教育领域课程教学改革。

一、回答"数智时代什么知识最有价值"的"新知识观"

在网络化与信息化时代,许多教育领域专家敏锐地意识到"知识"正在发生变化,"什么知识最有价值"之问在数智时代期待新解。

一些学者不直接回答此问题,而是聚焦哲学本质探讨智能时代知识观的嬗变,认为影响课程与教学改革实践的背后是整个哲学思维方式的转换,包括本质主义与非本质主义课程知识观的哲学思维冲突,[2]指出知识主体从人类自身转向人机协同,知识承载媒体呈现出多模态融合感知的特征与趋势,[3]知识内涵从确定性真理到不确定性"碎片",知识范围从人类认识成果到"硅基智慧"。认为人工智能时代的教学要重构教学内容与方式以培养适应智能时代的综合型人才,从知识学习转向能力提升以在应对之中转变学的方向,教师要重塑自身角色以提升人工智能素养。[4]从整体上呈现了智能时代的知识与教学的变化图景,为进一步理论探讨提供启发性意义。

还有一些学者尝试直面回答"数智时代什么知识最有价值",如王美认为知识经济背景下拥有能够使自己在新情境中学习和解决问题的知识即"适应性专长"比掌握已有的事实性知识、程序和技能即"常规专长"更有价值。[5]随着科学技术与人工智能的进一步发展,尤其是ChatGPT的问世及其产生的一系列争议焦点,学者们意识到数智技术对学校、对教育产生了巨大冲击和影响。通过分析数智时代的特征,主要提出了两种"新知识观":基于重构主义的面向智能时代新知识观与基于联通主义的回归论知识观。

基于重构主义的面向智能时代新知识观以王竹立的"软知识观"为代表,借鉴融合乔治·西蒙斯的观点,将知识划分为软知识和硬知识,认为区别的重要指标是知识的稳定性,具体包括结构的稳定性、内容的稳定性、价值的稳定性。其中软知识是指还在形成过程中的、尚未被系统加工整理的知识,[6]具有碎片化的特征,比硬知识更加重要。[7]总体上主张继续建构,从软知识向硬知识方向发展,通过碎片重构的方法建构新的、以问题解决为中心的知识体系。[8]进而阐明学习软知识应采取新建构主义理论所主张的零存整取式学习策略,其中"零存"的关键是学会选择,"整取"的关键是不断写作。[9]基于联通主义的回归论知识观以陈丽团队的"互联网+教育"知识观为代表,认为教育正经历从符号化精加工知识向人类全部智慧回归的变革过程,且回归论知识观是对传统知识观的发展,具有知识生产与存储呈现网络化、知识标准呈现个性化、知识颗粒呈现碎片化与类型分化、知识载体呈现多模态的特征。主张知识生产主体由精英向草根转移,通过群智汇聚生产动态化网络化知识。[10] 回归与重构是智能时代知识变化的双向趋势,互为补充。

两种"新知识观"虽各有侧重,但都准确把握了智能时代知识分类、主体、生产方式等方面的特征,承认"新知识观"一直在生成与过程之中。学者们普遍没有注意到"智能时代什么知识最有价值"这个问题背后暗含着的丰富预设和前提,于是对问题作出的解答即"新知识观"也在某种程度上"继承"了这些预设和前提,而我们有必要在回答一个问题前先厘清其逻辑起点与预设立场,并对其进行分析和解构。

二、对"数智时代什么知识最有价值"预设的解构

把"数智时代什么知识最有价值"分成两部分"数智时代"与"什么知识最有价值"。先看"什么知识最有价值"。它的上位问题是"教什么知识",预设逻辑是"课程应该教学生最有价值的知识",包含着"知识是有价值的"判断。在所预设的教育背景下"什么知识最有价值"反映的是课程与知识的关系问题,再具体一点即课程知识本质,属于课程知识的选择与组织问题,[11] 实际上与"什么是知识""如何看待知识""儿童怎么学习""教师怎么教学"等问题密切相关。再看"数智时代"。"数智"即数字化与智能化,更强调在"数字化"基础上的"智能化"应用,是数字化、智能化和万物互联"三位一体"发展而成的更高级的发展阶段。[12] "数智时代"点明了现实发展背景,强调在"理性"与"科学"指导下以知识与技术主导的经济全球化与国际竞争浪潮下社会对人才的需求已由具备读、写、算等基础性知识与技能转变为具备沟通合作、问题解决和创新创造等高阶技能,[13] 由此生发出的对知识的看法与认识相较过去具有某种新的转变的可能性与必要性。简而言之,"什么知识最有价值"预设的解答逻辑是"课程应该教学生最有价值的知识","智能时代"具有特定现实特征背景从"科学"的角度直指"知识观"的转变,同时带动"学习观"与"教学观"的转变。

具体来看,"数智时代什么知识最有价值"引导人们去思考数智时代相较传统具有哪些特征,进而在数智的前提下去思考知识的价值并提出相应的知识观,因此其逻辑起点是现代主义的理性与科学,将知识的价值框定在科学的语言体系中,用理性的眼光去判断什么知识在当今时代最有价值,而课堂就应该选择最有价值的知识教给学生。同时,这个问题背后还包含着一定的情感与价值倾向:在"数智时代"追求"最有价值的知识"的积极态度。与此对应,学界中具有代表性的两种"新知识观"亦积极乐观,表现出相信人类在数智时代仍然具有把握"最有价值知识"的可能性,或者说人类在数智时代仍然具有探讨"最有价值知识"的必要性,反映出学者们较之过去对时代变化更具敏感性、对新事物更具包容性、对新挑战更具积极性、对新生

态更具开放性。此外,"数智时代什么知识最有价值"引导学者从宏观整体上探讨"知识"的价值选择,在数智时代大背景下从全局思考课程应该教给学生哪些最有价值的知识。

三、对"数智时代什么知识最有价值"预设的反思

基于上述对"数智时代什么知识最有价值"及"新知识观"的解构,尝试通过进一步的反思将科学与人文、积极与审慎、整体与分野相结合,以在较大程度上富有洞见性地深入把握问题的本质。

(一)科学与人文

"数智时代什么知识最有价值"以现代主义的理性与科学为逻辑起点,然而这两者不足以代表"数智时代"的主要特征,亦不足以涵盖"什么知识最有价值"的内涵与外延。以理性和科学为表征的智能时代仅能提供一个探讨知识价值的视角,在思考回答"智能时代什么知识最有价值"这个问题时就不能只从数字、智能的科学技术角度去阐述课程知识,而这是问题预设带来的逻辑困境。同时,科学本质上和传统社会的巫术、近代社会的宗教一样都是人类试图把握、改造这个世界的方法,虽然有祛魅的作用唤醒人的主体性,但过分崇尚科学与理性难免会陷入"工具理性""人与劳动的异化"等另类迷信的危险之中。因此,仅凭科学的逻辑论知识价值难免失之偏颇。此外,学者们所探讨的"新知识观"从冷峻客观的角度出发,但涉及学生的课堂知识教学中就不得不考虑到人的本质与道德伦理问题。基于此,我国核心素养的总体育人目标与适应终身发展的内涵理念蕴含着人的未来性、发展性与超越性,注重人文素养与科学精神的统一,突出个人与社会的双向发展。智能时代的知识亦必须将科学与人文相结合,从技术视角回归学生视角。

(二)积极与审慎

"数智时代什么知识最有价值"暗含着在"数智时代"追求"最有价值的知识"的积极态度。"积极"可看作现代与过去的一个重大区别。人们在过去面对新事物的第一反应总是逃避与质疑,含蓄审慎的个性与传统文化的习俗致使人们更愿意因循守旧而不愿开拓创新,即便是鸦片战争后打开国门学习西方也是出于被迫,仍然怀着"天朝上国"的幻想;到了近现代特别是改革开放以后,人们怀着对美好生活的期待面对时代的变化透露着积极与乐观,意识到自身局限并乐于向西方学习,这与开放的社会现实与思想观念有关。但随着经济的快速发展,人们对新挑战和新事物的"积极"开始异化,潜藏着滑入"唯西方论"、陷入脱离实际空想主义的危险。这不是意味着不向西方学习,而是需要警惕西方权力话语体系与意识形态对我国本民族文化的侵蚀。"积极"的态度与"审慎"的眼光并不矛盾,相反,只有两者结合起来才能对"数智时代什么知识最有价值"这个问题有更加深刻的理解:既面向未来抱有在"数智时代"追求"最有价值的知识"的积极态度,又冷峻审慎地看待"智能时代""新知识观"及其背后涉及的复杂文化权

力关系。

(三) 整体与分野

"数智时代什么知识最有价值"引导学者从宏观整体上探讨"知识"的价值选择,但我国教育受到不同地域文化背景的影响,无可避免地面对知识的学科分野、地域分野与文化分野,而这些"分野"亦是思考"什么知识最有价值"的前提。首先,学科分野即各类学科课程,一方面促进了学科研究的精深化发展,而学科知识的重要载体是学科教材,因此考虑在当前智能时代如何选择收录于教材中"最有价值的知识"是重中之重;另一方面脱离了世界的原本样态,难以与复杂综合的现实世界直接对接,[14]因此具有整体视野的"新知识观"与"跨学科"理念不谋而合,契合了时代的发展趋势。其次,地域分野是指知识在不同地理区域之间的分布和应用差异,涉及不同地区的专业化和专门领域的知识与发展需要。知识的价值问题既需要基于全球立场与整体视野,也需要观照地域分野差异对知识的特殊性要求。最后,文化分野是指不同民族和社会群体之间的文化差异,同时又进一步影响知识的产生、传播和应用。不同语言和语境中的知识差异,可能导致不同文化群体之间的互动交流障碍,因此从整体上讨论知识的价值不能忽视文化分野产生的差异。整体与分野并不矛盾,"整体"是"数智时代什么知识最有价值"的宏观预设视角,"分野"是基于知识不可避免的社会现实,要跳出片段化现实从整体上观照整个社会系统,追求"跨学科""跨地域""跨文化"的整体融通性视野与思想。

四、选择"数智时代中最有价值的知识"的策略

从"应然"的角度看,回答"数智时代什么知识最有价值"之问需要将科学与人文、积极与审慎、整体与分野相结合。但从"实然"的角度看,个人与学科教材究竟如何选择数智时代中最有价值的知识,笔者尝试从海量知识、学科教材、数智技术三个维度借鉴古典文献学、目录学等学科方法论,并融合"应然"的三个结合提出相应策略。

(一) 海量知识:"网罗放佚"与"删汰繁芜"

古往今来,人类教育和学习面临的根本挑战,就是有限的个人经验和浩瀚的人类知识之间的矛盾。[15]15 世纪中叶以来印刷技术的诞生导致图书、字典等精准的书面表达出现,同时书籍量的增多反过来促进了人们思想的改革,如文艺复兴、科学革命、宗教改革等。这个时候人们就开始意识到人一生不可能看尽所有书。20 世纪初以来,电影、广播、计算机、电视等电子媒介进入大众视野,到了 90 年代万维网的出现,为大规模知识表示和知识共享带来了新的发展机遇[15]。在智能网络化时代,网络取代纸质书本成为信息与知识的主要载体[6],知识在网络三维立体结构中传播迅速,与此对应,相比传统纸质阅读时期人们能够接触到海量的信息,并将其纳入自己的认知结构形成全新的知识体系。面对如此海量、"爆炸"的信息与知识,人们如何主动利用各种平台与资源获取与个人有益的知识?

据《四库全书总目提要》,选辑的作用是"一则网罗放佚,使零章残什,并有所归;一则删汰繁芜,使莠稗咸除,菁华毕出",即通过对文本的编选成集实现其选择性传播目的。[16]本研究虽不涉及选辑却斗胆借鉴"网罗放佚"与"删汰繁芜"这两个概念,并以此为策略来应对知识的海量现象,实现知识的选择性获取目的。其中,"网罗"表示广泛地搜集、收集信息或知识,"放佚"指将有价值或重要的信息或知识加以保存和整理,以备后用;"删汰"表示去除、清理掉不必要或无价值的信息或知识,"繁芜"表示过于繁杂、复杂或无关紧要的内容。换句话说,"网罗放佚,删汰繁芜"是指在处理信息与知识时,既需要广泛地收集和汇总信息,还需要去除不必要、复杂或虚假的内容,即"求全"与"去伪存真",以留下对自己有价值的内容,确保获取有价值的信息并减少信息过载。从个体主动的角度来看,"网罗放佚,删汰繁芜"扩充完备知识结构与体系,对于某些隐性知识诸如意识形态、传统历史文化、已有生命认知体验、短视频媒介信息等,"网罗放佚,删汰繁芜"策略亦可帮助个体从更开阔的视野看待这个世界,实现个体个性化发展。

(二)学科教材:"考镜源流"与"继往开来"

"网罗放佚,删汰繁芜"策略针对个体知识,而学科教材知识是"人类从学习、实践中所获得的,经过系统总结和提炼,符合一定的规范,被证明是有效的、正确的,反映客观世界和人类自身本质与规律的认识、经验、技能等",[6]也即王竹立所说的"硬知识"、陈丽等所说的"传统精英分子知识",应该如何选择符合时代发展的最有价值的知识。

清人章学诚提出的"辨章学术,考镜源流"是关于古典目录学定论久孚的命题,[17]意指"辨别学术使其彰显,稽考源流使其明晰",[18]即将各类著作进行分类梳理,将其来龙去脉考证得像镜子一样明净透彻,进而综述其学术源流,为研究者指明读书和查找资料的方向。学科教材知识既然要选择"最有价值的知识"就要"考镜源流",虽不涉及目录学,但可借鉴其思想,厘清学科史脉络,以更好地把握学科知识的精髓与灵魂,进而选入教材中。"继往开来"的本意是继承前人的事业,开辟未来的道路,这里尤指历史、现实与未来的统一。一方面,学科知识必须立足历史语境,尊重前人的智慧与文化,强调知识的延伸和发展,帮助理解知识的渐进性和演进性;另一方面,学科知识虽需以前人的智慧成果为基础,但还要与现实时代背景相结合,通过批判性反思面向未来实现进一步发展和创新。"考镜源流"与"继往开来"旨在梳理学科史发展脉络,立足现实,面向未来,选择符合时代发展的学科中最有价值的知识编入教材,从社会宏观层面培养具有综合性素质的人才。

(三)数智技术:"教育为本"与"学以成人"

学科知识的主要载体为教材,而教材的形态随着时代的发展经历了从口传媒介到手工书写,到工业印刷,再到今日的电子数字媒介,[15]于是"数字教材"应运而生。基于此时代趋势,党的二十大明确提出"加强教材建设和管理""推进教育数字化",对教材工作和教育数字化作出相关总体部署,2023年教育部《关于组织开展战略性新兴领域"十四五"高等教育教材体系建设工作的通知》再次提出"鼓励合理应用数字技术,探索数字教材等新形态教材建设"。[19]当前数字多媒体电子设备、人机交互智能机器、沉浸式虚拟VR技术、生成式智能软件平台、"元宇宙"概念等进入学校教学空间之中,AlphaGo、ChatGPT等人工智能技术走进大众学习与生活视野,融合"算力、数据和算法"三位一体的"机器学习"冲击着"人类学习",学科与教材知识该如何看待技术在其中发挥的作用,又应该作出何种适应性改变?

以"教育为本"与"学以成人"为策略来处理学科教材知识与技术的关系,实现"立德树人"的教育根本目的。华东师范大学周傲英教授指出,"人才、科技、教育"是一体化的关系,也就是说,这是同一件事从三个方面来看,而不是三件不同的事。"教育为本"正是基于此理念,一方面不能排斥技术,另一方面也不能仅依靠技术而"舍本逐末",要充分挖掘、发挥智能技术在教育中的特色和优势,培育学生包括数字素养在内的核心素养与关键能力,以此提高人才培养质量。借鉴洋务运动时"中学为体,西学为用"的表述,当前教育领域也应"教育为体,技术为用""育人为本,技术为辅",课堂中所使用的技术未必是最精尖的,但一定是立足学生发展的最适合的,例如江苏凤凰传媒出版社致力于人工赋能基础教育数字出版面向未来的教材。学科教材知识在人工智能时代受到技术的挑战,其关键在于"有没有必要呈现大量陈述性知识""人究竟还有没有必要去大量记诵知识",即便当今网络检索功能发达,人类确实不需要"夜航船"式的知识,但是知识对个人素养的发展、能力的奠基性作用是绝不容忽视的,所谓"量变达到质变""厚积而薄发"都说明立足大量知识是个人素养发展和能力提高的前提,换句话说,学科专业性知识对培养拔尖人才的价值不容忽视,而技术在其中扮演着促进人类更好学习知识的作用。然而,技术进步也催生了功利主义、精致主义、消费主义、文化工业、商品拜物教等观念,人的本质在物质中消解,课程知识需坚持"学以成人",培养学生成为综合素质较高的个体,即在数智时代下能够生存且具备人文素养关怀的个体,技术发展的初衷是方便人类而不是消灭人类,教育与课程知识的逻辑起点仍然是人即学生。

参考文献

[1] 张玉华.核心素养视域下跨学科学习的内涵认识与实践路径[J].上海教育科研,2022(5):57—63.

[2] 刘芳.从"理性狂妄"到"相对泥潭":课程知识观嬗变的哲学考察[J].教育研究,2019,40(8):59—67.

[3] 杜华,顾小清.智能时代的知识图景:人工智能引发知识观重塑[J].现代远程教育研究,2022,34(4):47—54.

[4] 杜华,顾小清.人工智能时代的知识观审思[J].中国远程教育,2022(10):1—9,76.

[5] 王美.什么知识最有价值:从常规专长到适应性专长——知识社会背景下对知识价值与学习目标的

反思[J].远程教育杂志,2010,28(6):62—69.

[6] 王竹立.新知识观:重塑面向智能时代的教与学[J].华东师范大学学报(教育科学版),2019,37(5):38—55.

[7] 王竹立.再论面向智能时代的新知识观——与何克抗教授商榷[J].远程教育杂志,2019,37(2):45—54.

[8] 王竹立.新知识观:从硬知识、软知识到网络化知识——与陈丽教授等商榷[J].电化教育研究,2022,43(7):5—11,26.

[9] 王竹立.面向智能时代的知识观与学习观新论[J].远程教育杂志,2017,35(3):3—10.

[10] 陈丽,逯行,郑勤华."互联网+教育"的知识观:知识回归与知识进化[J].中国远程教育,2019(7):10—18,92.

[11] 宗国庆,王祖浩.课程知识观论纲:批判与重建[J].中国教育科学(中英文),2020,3(2):63—68.

[12] 许可,冯怡,等.赢战数智时代:国有企业战略转型的方法与路径[M].北京:人民邮电出版社,2023:42.

[13] 董艳,孙巍,徐唱.信息技术融合下的跨学科学习研究[J].电化教育研究,2019(11).

[14] 孙宽宁.学科课程跨学科实施的学理与路径[J].课程·教材·教法,2023(7):4—10.

[15] 郭文革,黄荣怀,王宏宇,等.教育数字化战略行动枢纽工程:基于知识图谱的新型教材建设[J].中国远程教育,2022(4):1—9,76.

[16] 李玉莲."网罗放佚"与"删汰繁芜"——元明清小说戏剧的选辑传播[J].齐鲁学刊,1998(6):10—15.

[17] 傅荣贤.论章学诚"辨章学术,考镜源流"理念的本质[J].大学图书馆学报,2016,34(2):111—117.

[18] 傅荣贤."辨章学术,考镜源流"正诂[J].图书馆理论与实践,2008(4):53—56.

[19] 毛芳,李正福.我国高等教育数字教材发展的现状、问题与对策[J].出版参考,2023(5):11—16.

[20] 乔治·西蒙斯.网络时代的知识和学习——走向连通[M].詹青龙,译.上海:华东师范大学出版社,2009.

[21] Li, G., & Cheng, X.. Research status and scientific thinking of big data. Bulletin of Chinese Academy of Sciences[J].2012,27(6):647-657.

[22] Haiko, V., & Bulder En, S. V., Cunningham, S., & Janssen, M. Data science as knowledge creation a framework for synergies be-tween data analysts and domain professionals. Technological Forecasting and Social Change[J].2021,173(4):1-10.

论以表现为目标的统编初中语文教材的写作编写

丁圣俊

【摘要】在智能时代的语文课程建设中,课程目标强调写作是一种包含审美因素的表现活动。"表现"作为指向主体理解和发展的活动,直指人的存在和对自我与世界的理解,有利于写作中主体性的发挥,促进写作能力的整合。统编初中语文教材写作编写本身就包含着对表现的具体训练策略,包括仔细观察,选择典型;认识自我,明确情感;文质融合,提升表现;注重整合,提升能力。写作教材编写中渗透的具体策略可以提升写作能力的整体训练效果,发展审美素养,为教材的分析和使用提供新的视角。

【关键词】统编初中语文教材的写作编写;表现;训练策略

【作者简介】丁圣俊/华东师范大学教师教育学院博士研究生

On the Unified compiled edition of junior middle school Chinese writing textbook with the aim of expression

DING Shengjun

Abstract: In the age of intelligence, the goal of writing in Chinese curriculum emphasizes that writing is an activity of aesthetic expression. "Expression", as an activity of self-construction as a subject, points to the existence of human beings, which is conducive to the enhancement of subjectivity in writing, and is a natural way to develop writing ability. The writing of the unified compilation of middle school Chinese textbooks contains the theses forms of presentation about expression, including careful observation, and selection of typical, understanding self and confirmation of emotion, integration of form and content and improving the effect of expression, focusing on integration and improving the expressive ability. The expressive consciousness of writing in the edition of textbook can improve the overall training effect of writing ability and provide a new perspective for the analysis and use of writing textbook.

Key words: the Unified compiled edition of junior middle school Chinese writing textbooks; expression; requirement of presentation

在人工智能飞速发展的今天,教育越发强调"批判性思维、创造性、沟通、协作、审美、情商和品格"的培养。[1]既有的写作教育不能仅仅停留在知识技能的学习,因为以 ChatGPT 为代表的人工智能已经能够写出符合规范的文章了。[2]如果教师还停留于知识技能的传授上,学生将很难超越机器,因此写作课程需要重视学生审美素养的培育。

一、写作教材编写应该以"表现"为目标

《义务教育语文课程标准(2022年版)》提出为了培养学生的审美素养,经过课程学习,学生应"具有初步的感受美、发现美和运用语言文字表现美、创造美的能力"。以此为目标,学生在写作中应该"提高语言表现力和创造力"。[3]课标强调写作应该重视审美素养的培育,关注学生表现能力的培养。此外,写作本身就是一种审美活动。每个人在感知对象时都自发地融进了作为生活个体的个性倾向特征。[4]写作本身就是借助对象表现思想情感的过程,强调"客体世界是被主体所把握,并通过主体的表现而展示"。[5]课标和写作的特点都说明写作是一种审美表现活动,是主体借助语言文字表现思想情感的过程。

当下的研究主要是从写作教材中知识的序列化的设计[6]和教材使用角度[7]进行研究,缺少对教材写作编写内部的审美表现意识的分析。在具体的写作教材的分析中,应该探究其中包含着的表现的内涵、表现在初中写作教材编写中的具体体现和以其为目标表现写作教材的价值。

二、表现:指向主体的理解和发展的活动

(一)指向人的存在和理解的表现

人是一种有情感的存在,重视情感的独特性,就能够认识到自我的个性,进而认识到"我是谁""人生来就有情感,情感天然需要表现"。[8]古人早就指出"情动于中而形于言",人类的思想情感必须借助外化的形式才能被理解,而语言符号本身就是人类情感表现的重要载体。"言之不足故嗟叹之,嗟叹之不足故咏歌之,咏歌之不足,不知手之舞之,足之蹈之也"则说明人类的情感还会以声音的形式、身体的形式表现出来。声音和身体原本是客观对象,但因为人的主体作用,这些客观的内容就有了主体的思想情感。"所以,我们的一切行为都是一种自我表现的方式。这些行为是与我们寸步不离的,因为它们表现我们:我即我之所为。"[9]从审美的角度看,人的言行举止本身就是表现,就包含着主体的精神,反映着个人存在的独特性。

人会借助各种外在的有意味的形式表现自我,同时也借助表现理解自我和世界。人对于周围世界的认识都包含主观性。人心中拥有的不是一个个抽象的概念,而是拥有"对什么的意识",就比如人的情感不是抽象的,而是对于具体的人、事、物的情感。人在认识周围事物的时候必然会将个人的思想情感投射到客观对象上。在中国的文化语境中,主体心中的客体往往是包含着主体情感的"意象"。意象正是外在的物象、事象及其背景与主体情意水乳交融的形

态。[10]克罗齐认为人的所有的认识都是基于"表现"之上的。心灵观照印象,于是印象才有形象,为心灵所掌握。这个心灵的活动即直觉,印象由直觉而得形象,即得表现。[11]日常生活中获得的概念都源于这种表现。这种表现从心理学层面可以理解为一种表征,但这种表征不是客观的,而是包含着强烈的主体情感的。从现象学的视角看,"现存生活世界的存有意义是主体的构造。世界的意义和世界存有的认定是在这种生活中自我形成的。每一时期的世界都被每一时期的经验者实际地认定。"[12]总之,周围世界不是客观的存在,而包含着主体的独特认识。一切都是从主体出发的。为了能够让他人理解"我"和"我的世界",主体就有必要将自己认识的世界用各种形式表现出来。这就有了艺术的世界、物理的世界、数学的世界等存在形式。每一个世界中又存在不一样的表现形式,不同的表现形式又同主体的精神世界紧密关联。因此,认识不同的表现形式,就是理解不同的人的存在方式。

综上,表现是人生活在世界上的一种方式,也是人建构世界的方式。本研究中,表现首先是一种主体积极主动认识和理解世界的方式,然后是一种从主体思想情感出发表现生活世界的方式。

(二)指向写作主体性发挥的表现

表现的目的是传递主体的思想情感,其首要的任务就是分析和研究主体的独特性,然后展开相应的写作活动,以"表现"的手段揭示存在的独特性。因此,"表现"呼唤着写作主体参与到整个写作过程中,发挥主体性,"有主体性才有表现"。[13]

首先,表现要求主体能够发挥自主性,积极全面探析自我的思想情感。《文心雕龙·情采》中说"故情者文之经,辞者理之纬;经正而后纬成,理定而后辞畅。此立文之本源也"。没有"情",如织物没有经线,用以表现意义的言辞便无法组织起来,只有先将"情"理顺了,言语辞令才能有序组织起来。这是文章写作的根本原则。[14]只有主体能够在事物中确定自己的情感,才能够将自己的感受转化为具体的语言文字。为了找到具体表现的内容,主体必须不断描述分析自我的生活体验,发现独属于自己的体验内容。其次,表现要求主体能动地分析并把握纷繁的思想情感背后的本质。具有能动性的主体可以"建立一个视域,使对象在其中改变但又不失掉其类型的同一性,获得一个本质洞见,即本质直观"。[15]"现象学的本质直观使观念化的目光维度朝向被直观的体验","使分散在单个体验中的种类体验本质以及它们所包含的本质状态相即地直观到"。[16]通过本质直观,主体可以在变化的多样的体验感受中发现意义,形成基于真实体验之上的观念。最后,为了表现思想情感,主体必须将自己从描述中获得的个性化的观念重新渗透进材料之中,创造出能够表现个人思想情感的文本。杜甫的"感时花溅泪,恨别鸟惊心"就是通过移情的方式将个人的思想情感投射到具体的自然的事物上,创造出了情景交融的表现效果,具有创造性的人应该从自我表现出发,将抽象的思想情感转变为具体的语言符号,创造一个新颖、有价值的文本,展示人的价值。

强调写作的"表现"意识,就是强调写作者的自主性、能动性和创造性的发挥,强调认识自我,然后重新认识和表现世界。

(三)指向主体的写作能力整合的表现

表现是语文核心素养实现的重要手段和目标,从表层看,表现是用言语表现;从深层看,是人的存在性动机与价值观,是"存在性言语生命意识"的彰显。[17]表现必然是写作的应有之义,指出了写作能力发展的目标。夏丏尊认为"文字语言原是表现思想情感的工具,我们心里有一种意思或是情感,用文字写出来或口里讲出来,这就是表现"。[18]写作能力必然要在表现的实践过程中培养。既有的写作能力包含的是"观察""构思""立意""选材""修改""审题"等能力。这些能力虽然重要,但缺乏一个可以将这些能力贯穿的核心要素。表现则可以发挥这样的整合功能。

表现作为写作的动机、目标和手段本身就能够将这些内容串联起来。人因为有思想情感要表现,所以产生了写作的动机。写作的目标就是将具体的思想情感以最恰当的方式表现出来,而表现本身包含着一套材料的处理方式,能够帮助目标的达成。首先,通过呈现展现人的多样性的体验。动机只是写作的触发点,其必然是和具体的诱因联系在一起的。因此,需要围绕与动机相关的感受展开具体的生活经历的描述,呈现对象的特点。其次,确定主体思想情感的本质,再现主体把握到的主题。在大量的材料中,主体借助统觉的作用,从这些材料中生成各种观念。通过分析、归纳,最后确定具有统摄性的主题观念。这样的主题能够将零散呈现的内容统整在一起,提升内容的表达效果。最后,在确定主题后,为了表现的个性化的认识,主体重新选择素材和形式将思想情感渗透到字里行间,达到表现的目标。在选择素材的过程中,主体始终围绕着自己的思想情感进行材料的筛选。这就要求作者能够选择最典型的事件、细节凸显思想情感。此外,思想情感本身也会影响主体对表现形式的选择。老舍说:"我们若要传达悲情,我们就须选择些色彩不太强烈的字,声音不太响亮的字,造成稍长的句子,使大家读了,因语调的缓慢,文字的暗淡而感到悲哀。反之,我们若要传达慷慨激昂的情感,我们就须用明快强烈的语言。"[19]因此,以表现为目标的写作重视内容和形式恰当结合,提升文本表现力。这也是写作能力发展的最终追求。

总之,表现是主体依据对自我和世界的理解发挥主体性将思想情感融入客体的审美活动。以"表现"的方式去指导写作训练,可使主体在语言运用中获得能力的提升,丰富生命的存在。

三、表现在初中写作教材编写中的具体体现

既然表现指向人的存在、以人的个性化表现为目标,既然表现能够促进主体性的发挥,既然表现有利于写作能力的发展,那么写作课程就不能没有表现的意识。因此,在分析统编初中教材中的写作编写逻辑的时候,就需要关注其中的表现意识和具体要求。

(一) 仔细观察，选择典型

写作教材关注学生能力的培养，鼓励学生围绕生活中的事情进行细致描述，从中选择最能够体现人、事、物特点的内容。这就要求学生发挥主体性，积极投身到生活中，从生活中发现写作素材，并且能够将这些零散的素材及其特点呈现出来，服务主体的思想情感的表达。在教材的知识短文和实践任务中，有大量要求学生仔细观察、选择最能表现对象特点的典型材料。七年级上册第一单元"热爱写作　热爱生活"的写作任务中就多次提醒学生"到生活中去细心观察、体验""你观察、感受到的点点滴滴都可能成为写作的素材"。第三单元"写人要抓住细节"要求学生"注意搜集所写人物的有关资料，结合你对他的了解，尝试描写他的外貌、神态等。力求通过一些事或细节写出他的特点"。八年级上册第三单元"学习描写景物"要求学生"抓住景物的特征。景物的特征，常常表现在形状、色彩、声音等方面"。

从既有的例子可以看出，这里的"表现"强调的是学生能将观察分析获得的特点展示出来。学生必须在日常生活中积累写作的素材，同时还要能够仔细观察感兴趣的对象，从而围绕着主体对对象的理解，选择典型特征加以表现。除了要求学生仔细观察之外，教材中还会设计各种活动引导学生在真实的生活情境中搜集素材，比如设计采访活动，帮助学生在真实的情境中搜集相关的素材。七年级上册第四单元"思路要清晰"中要求学生"以《对＿＿＿＿＿的一次访问》为题，写一篇作文"，其实践任务的提示部分要求学生"访问时，留意被访者的表情、动作，尤其是眼神、手势，体会他当时的内心活动"。这样的活动能够帮助学生更好地体验搜集信息、提炼观点的过程，提升观点归纳概括的能力。学生在大量、丰富的以表现为目标的活动中获得了个性化的写作素材，同时也发展了真实的写作能力。

(二) 认识自我，明确情感

写作不仅要揭示事物的特点，而且要在事物叙述和描写中再现思想情感。教材不仅要向学生传递知识，而且要通过多样的活动，帮助学生发挥能动性，学会在多样的材料中发现具有统摄材料的主题，进而理解自己的情感特征。在教材中，无论是写景，还是写人，都强调将主体的思想情感表现出来。七年级下册第三单元"抓住细节"要求学生在修改文章的时候"注意写一些表现人物的外貌、语言、动作或心理特点的细节。带上自己的情感，比如赞赏或厌烦某个人，可以在用词或者语气上有所体现"。八年级下册第一单元"学习仿写"则要求学生"选择某一形象凝聚情思，推动情节，贯穿全文；注意表现自己对所写人物特点、情感的变化等"。九年级下册第六单元"有创意的表达"指出"只有自己经历、体验、感受中那些富有个性特征的东西，才是真切的，才能够感染并打动读者"。这都要求学生必须重视自己的真情实感，将个人的感受同具体的对象联系起来，突出要表现的内容。为了帮助主体认识自己的思想情感，教材中会设计一些具体的与生活细节相关的题目，比如《我的烦恼》《我们班的"牛人"》，还有"记一次餐桌前的交流""校园一景"等话题，这些写作任务都要求学生在描述过程中认识自我的情感，然后通过具体事件表现出来。

　　教材中的实践任务、写作题目既传递了写作要表现自己的真情实感，又为学生的表现提供了具体路径的指导。学生要能够将自己的思想情感渗透到具体的描写、情节、形象的刻画中，最终创造具有表现力的文本。

　　在教材的写作实践任务中，有时会要求学生直接表达自己的感受、观点等。八年级上册第四单元"语言要连贯"的写作实践二的提示要求学生"除了描写节日的场面，还应该写出人们在节日里的心情，并表达你的感受"。这里的表达侧重于情感抒发。它不同于直接的抒情，更类似于一种总结，强调主体思想情感的言说。七年级下册第二单元"学习抒情"认为"直接抒情应基于相关的记叙、描写，顺势而发"，"直接抒情"是一种表现形式，顺势的抒情强调内容和形式之间的联系。相比较于情感"表达"，教材倾向于引导学生表现思想情感，要求学生能将情感渗透到具体的对象的选择和描写中。在学生日常的写作中，表达往往偏多，表现则是较少的，因此教材重视学生思想情感的表现。"表现"强调主体将情感投射到外界事物中，但这种表现还是隐性的，而不是完全从理性的角度去进行形式构造，如果不加节制，就会出现"情感泛滥"的现象。

（三）文质融合，提升表现

　　文质兼美是好文章的共同的特点，"文"指具体的言语的组织、结构、修辞等形式，"质"则指具体的表现内容。任何可以传达的内容，都是有形式的内容，因为它必须附着于一个载体；任何形式，都是有意味的形式，它作为一个载体是以有被载物为前提而出现、而存在的。从最终的传达效果来说，内容的传达顺畅是形式中介作用的最佳发挥。[20]初中写作教材编制中也存在着这样的文质融合的目标。教材中会出现"表现力"这样的概念，比如八年级上册"学写传记"的知识短文部分在评价老舍的自我介绍的时候，就说其"语言生动幽默，很有表现力"。在"学习仿写"部分则要求学生"注意观察，调动记忆，选取印象深刻、确有感想的事件，呈现精彩的细节。安排好文章的线索与结构，并注意综合运用多种表达方式，让文章更有表现力"。这些表述和要求可以引导学生在写作的过程围绕具体的事物的、情感的特点选择合适的形式，使得思想情感以恰当的方式表现出来，达到最好的表现效果。具有表现力的形式能够让"意义弥漫于整个结构之间，那种结构的每一链接都是他所传达的思想的链接"。[21]教材希望学生在写作的过程中不仅要突出思想情感，而且是运用合适的形式强化思想情感的表现。

　　这样的写作目标要求学生能够围绕内容本身的特点、个人的写作风格展开具体的写作构思，使文本达到更好的表现效果。为了检查表现效果，教材会引导学生通过作品分享等活动帮助学生进行相互评价，从而提升学生对于文本表现效果的关注，即强调写作应该有读者意识。这对写作提出了更高的要求。

（四）注重整合，提升能力

　　写作教材在设计的过程中，会根据具体的知识学习的目标有侧重地强调表现的某一个方面的训练,而有些实践任务中则会引导学生从材料搜集、主题提炼到内容形式搭配展开相应的完整训练。比如"学习描写"的写作实践三要求学生"以《我爱＿＿＿＿季》为题,写一篇作文"。其提示是"要抓住所选季节的特点,尤其是鲜明的景色特点进行描写。除了写某一季节独有的景致,还可以写某个景物在某一季节的特点。要把'我'对所选季节的喜爱之情渗透在字里行间,做到寓情于景,情景交融"。题目从学生的日常生活出发,学生有话可说。在具体的写作过程的指导中,教材提示学生先找到喜爱的季节的特点,这就要求学生能够仔细观察,抓住能够体现自己喜爱内容的典型事物等。在确定了对象后,学生还需要从景物的选择安排出发,将个人的感受渗透到具体的景物中,最后强调运用合适的形式表现个人的情感,达到寓情于景、情景交融的审美效果。这样的写作任务既重视了知识的学习,也强调提升表现能力。

在具体的写作任务的设计中,因为限于教材篇幅原因,其中有很多内容是不容易展开的。比如教材中有时会出现"想好再下笔"类的表述,这样的提示强调了写前细致描述分析的作用,但没有给出具体方法。这就要求教材使用者融会贯通地把握教材设计中的"表现"的具体内涵和相关的操作方式,将这些方法融入具体的教材使用活动中,提升学生的思想情感的表现水平。

四、以表现为目标的写作教材编写的价值

写作教材的编写除了重视学生具体的写作能力序列化的培养外,还应该重视能力的整合,提升写作训练的效果。以"表现"贯穿于写作教材的分析、理解、使用,可以让写作能力的训练更具目的性,使写作教材中的各种知识组合更具层次性。日常写作教学中,"观察能力""构思能力""选材能力""修改能力"等往往被笼统地放在一起表述。如果从"表现"的观念出发,"观察能力"是发现事物特点的能力,属于最基本的最重要的能力,"修改能力"则是从审美表现的效果出发,强调内容和形式的恰当融合。"构思能力"和"选材能力"等则是基于主体自我认识和发挥主体性后才可形成的能力,强调从主体的思想情感的意向分析出发选择主题和与之匹配的材料、言语形式等。教材中"表现"的多样层次可以为多样的写作任务提供一般性写作的训练路径,同时也帮助学生认识到自己能力发展的一般过程。

写作教材编写应该围绕表现建构训练策略,呼应课标中审美创造的目标要求。教材应强调主体从自我思想情感的表现出发进行文本的创造,让写作活动不再追求外在言语形式的华丽,而重视从主体的生活中生成独特的个性化的素材,围绕这些素材进行写作活动。这样的写作才是尊重生命的写作,才能够持续推进学生能力的发展。这样的写作编写的逻辑更能契合智能时代学生素养发展的需求。

随着新课标的颁布,教师对于教材的理解也应该有所改变。本研究正是基于新课标的理念重新审视教材,试图为教材的理解和使用提供新的切入点。

参考文献

[1] 焦建利.ChatGPT助推学校教育数字化转型——人工智能时代学什么与怎么教[J].中国远程教育，2023(4):16—23.

[2] 文贵良.从小冰到ChatGPT:对人工智能与汉语诗学的一个考察[J].南方文坛,2023(3):19—27.

[3] 中华人民共和国教育部.义务教育语文课程标准(2022年版)[S].北京:北京师范大学出版社，2022:5—15.

[4] 马正平.高等写作思维训练教程(2版)[M].北京:中国人民大学出版社,2010:211.

[5] 朱立元.美学大辞典[M].上海:上海辞书出版社,2010:60.

[6] 唐建新.在理想与现实中构建写作教材序列——统编初中语文写作教材的编写与使用[J].语文建设,2020(3):15—20.

[7] 陈家尧.守正出新:必须坚守的立场——统编教材写作教学谈[J].中学语文教学,2018(2):8—11.

[8] 朱光潜.诗论[M].上海:上海古籍出版社,2001:6.

[9][13] 米·杜夫海纳.审美经验现象学[M].韩树站,陈荣生,译.北京:文化艺术出版社,1992:420,213.

[10] 朱志荣.论审美意象的创构[J].学术月刊,2014(5):110—117.

[11] 克罗齐.美学原理[M].朱光潜,译.北京:商务印书馆,2012:15.

[12] 埃德蒙德·胡塞尔.欧洲科学危机和超验现象学[M].张庆熊,译.上海:上海译文出版社,2005:90.

[14] 刘勰.文心雕龙[M].徐正英,罗家湘,注译.郑州:中州古籍出版社,2008:308.

[15] 胡塞尔.逻辑研究:第2卷[M].倪梁康,译.北京:商务印书馆,2017:883.

[16] 丹·扎哈维.胡塞尔现象学[M].李忠伟,译.北京:商务印书馆,2022:49.

[17] 潘新和.语文:表现与存在[M].福州:福建人民出版社,2017:246.

[18] 夏丏尊,叶圣陶.文章讲话[M].北京:中华书局,2007:163.

[19] 老舍《我怎样学习语言》[A].山东师范学院中文系文艺理论教研室编.中国现代作家谈创作经验(上)[C].济南:山东人民出版社,1980:184.

[20] 陈良运.文质彬彬[M].南昌:百花洲文艺出版社,2017:71.

[21] 苏珊·朗格.情感与形式[M].刘大基,傅志强,周发祥,译.北京:中国社会科学出版社,1986:63.

高质量教材建设何以可能？
——基于政策工具分析视角

李 琪 陆卓涛 张雨强 王丹艺

【摘要】高质量教材建设是落实立德树人根本任务的重要载体,是推进我国教育现代化、建设教育强国的重要抓手。基于党的十八大以来教育部颁布的有代表性的中小学教材建设的25份政策文件,就其中有关我国中小学教材建设的政策内容,展开横向X政策工具维度和纵向Y政策内容维度二维分析。研究发现：第一,命令性工具使用过溢,整体结构失衡；第二,重教材选用,轻编审和出版；第三,政策工具和政策内容的组合存在一定差异,结构失之偏颇。基于此,首先,突破对命令性工具的依赖,实现多种政策工具的综合运用；其次,合理分配政策注意力,优化政策内容结构；最后,适配政策工具和政策内容,提升子工具的协同效力。

【关键词】教材建设；教材政策；政策工具；文本分析

【作者简介】李琪/曲阜师范大学教育学院博士研究生
陆卓涛/华东师范大学课程与教学研究所博士研究生
张雨强/曲阜师范大学基础教育课程研究中心教授
王丹艺/成都市教育科学研究院研究员

How Can High-quality Textbook Construction Be Possible: Based on the Perspective of Policy Tool Analysis

LI Qi LU Zhuotao ZHANG Yuqiang WANG Danyi

Abstract: The construction of high-quality teaching materials is an important carrier for the implementation of the fundamental task of establishing moral education, and an important hand in promoting the modernization of China's education and the construction of a strong educational country. Based on the 25 representative policy documents on primary and secondary school teaching materials construction issued by the Ministry of Education since the 18th National Congress of the Communist Party of China (CPC), we launched a two-dimensional analysis of the horizontal X policy tool dimension and vertical Y policy content dimension of the policy content of the policy content on the construction of primary and secondary school teaching materials in China. The study finds that: first, the use of commanding tools is overflowing, and the overall structure is unbalanced; second, the selection of teaching materials is emphasized over editing and publishing; third, there are some differences in the combination of policy tools and policy content, and the structure is biased. Based on this, firstly, break through the dependence on imperative tools and achieve the comprehensive use of multiple policy tools; secondly, reasonably allocate policy attention and optimize the structure of policy content; and finally, adapt policy tools and policy content to enhance the synergistic effectiveness of sub-tools.

Key words: teaching materials construction; teaching materials policy; policy tools; textual analysis

一、问题提出

《中共中央关于制定国民经济和社会发展第十四个五年规划和二〇三五年远景目标的建议》中明确指出，建设高质量教育体系是教育发展的新目标，其中，教材体系是高质量教育体系的重要内容之一。换句话说，教材建设是实现高质量教育体系建设的重要一环。已有研究对教材建设的价值、存在的问题、实现路径等方面进行了诸多探讨，如有研究者指出教材建设是建设高质量教育体系的重要依据，是丰富中国特色教材理论的必然选择，也是提升教材质量的现实之需。[1]也有研究者指出，教材建设必须要以习近平新时代中国特色社会主义思想为根本指南，把贯通核心素养培养目标作为教材建设的着眼点，不断破解教材建设的问题，完善和创新教材管理机制。[2]尽管上述几方面引起了研究者的诸多讨论，但基本可以达成共识的是政策执行是推动教材建设的关键环节，教材建设离不开教材政策执行这一动态过程。然而，政策执行的效果往往取决于政策工具的使用，[3]其使用情况能够反映政策执行中政府注意力的分配结构。

通过对已有文献进行梳理发现，从政策工具视角对我国教材政策进行分析的研究主要聚焦于以下两个方面：一是教材管理政策。如陈霞从政策工具视角对我国1978—2022年以来中小学教材管理政策的文本进行分析。最终发现，现行中小学教材管理政策存在制度保障不足、政策激励与宣传动力匮乏、平台建设亟须优化、评价体系有待改善、科学研究有待加强等问题。[4]二是职业教材建设政策。如陈丽君和王敏对改革开放以来40份职业教育教材建设政策文本进行编码分析，最终发现，我国职业教育教材建设存在政策工具使用呈现非均衡性、学生需要和特色教材建设关注度不足、政策工具在教材建设内容运用上结构不均等问题。[5]综上，从政策工具视角分析教材政策已有诸多研究成果，但是专门针对中小学教材建设问题的系统研究还较为匮乏，已有的教材建设研究也主要集中在职业教材。基于此，本研究采用政策工具视角并借助Nvivo 12 plus软件对中小学教材建设进行探讨，分析中小学教材建设政策方面存在的问题,并提出相应的政策优化路径,以此助推教材建设的高质量发展。

二、政策分析框架

(一) 政策工具维度

政策工具是政府为解决某一政策问题或达到一定的政策目标所采取的方法、手段、路径或者机制。[6]20世纪80年代起,国外开始了对政策工具的相关研究。学者们从不同的视角对政策工具进行分类研究,各有侧重,尚未达成统一。英国学者胡德(Hood)依据政府所拥有的资源类型,将政策工具分为:基于信息的政策工具、基于权威的政策工具、基于财政的政策工具和基于组织的政策工具。[7]美国教授罗斯维尔(Rothwell)依据政策的不同作用效果,将政策工具分为:供给型工具、环境型工具和需求型工具。[8]施奈德(Schneider)和英格拉姆(Ingram)依据工具使用的目的,将政策工具分为:权威工具、激励工具、符号和规劝工具、能力建设工具和学习工具。[9]美国学者麦克唐纳尔(McDonnell)和埃尔莫尔(Elmore)依据最终目的,将政策工具划分为:命令性工具、激励性工具、能力建设工具和系统变革工具,后又增补了劝告工具。[10][11]加拿大学者豪利特(Howlett)和拉米什(Ramesh)依据政府介入程度,将政策工具分为:自愿性工具、强制性工具和混合型工具。[12]以上这五种政策工具的分类方式比较具有代表性,常被用在不同领域,诸如经济、工业、体育、环境、教育等。在教育领域,麦克唐纳尔和埃尔莫尔政策工具最具典型性,被国内外学者广泛使用,因其本身是基于美国教育政策改革背景提出的,旨在研究政策制定者使用不同政策工具的原因、实施方法、预期效果等,与教育政策的适切性最高。因此,本研究也采用此种政策工具分析我国中小学教材建设的政策内容,建构命令性工具、激励性工具、能力建设工具、系统变革工具和劝告工具五个子维度。

命令性工具是指政府规范个体和机构行为的规则。这种自上而下的政策工具具有权威性、规定性和强制性,执行成本低,效率高。其词语表现为"禁止""必须""要求""不得""贯彻"等。激励性工具是指政府给予个体和机构资金或权力的支持。这种政策工具有自主性、灵活性和可行性,通过正负向两种激励形式,以期达到直接的效果。其词语表现为"鼓励""补贴""激发""奖励""处罚"等。能力建设工具是指政府转移资金用于投资物质、智力或人力资源,以期获得个体和机构的长远发展。其词语表现为"加强""培训""教育""开展"等。系统变革工具是在个体和机构之间的官方权力转换,从而改变组织、责任、结构和制度,实现权力重组。其词语表现为"建立""改革""成立""职责""责任"等。劝告工具是指政府有意识地引导目标群体的价值观和行动导向。这种政策工具成本低,易于采纳实施。其词语表现为"引导""宣传""引领""呼吁"等。

(二) 政策内容维度

政策工具必须结合政策内容维度进行具体分析,才能更好地实现政策目标。这就意味着,对政策内容维度进行合理的划分是至关重要的。正如豪利特和拉米什所说的:"政策内容设定不仅是一项政策体系建构的起点,也体现了政策制定者对特定公共问题治理的偏好程度。"[13]教材建设包含的内容在国家政策和研究者们的相关研究中均有涉及。首先,在国家政策上,我国颁布的一系列教材建设的政策,均包括教材编写修订、审核审定、选用使用、出版发行等方面的内容;其次,学者的研究中涉及的教材建设的内容与国家政策中涉及的教材建设内容基本一致。如有研究者指出,教材编写、教材审核、教材选用是党的十八大以来教材建设的重要内容;[14]亦有研究者认为教材编写、教材审核、教材出版、教材选用是教材建设的重要环节。[15]鉴于此,本研究的教材建设内容与国家政策和已有研究保持一致,包括教材编写、教材审核、教材出版、教材选用四方面,这四方面也是教材建设政策内容的四个维度,具体见表1。

表1 中小学教材建设内容维度具体分析表

政策内容	目标指向	内容要素	文本示例	文本来源
教材编写	为了保障教材编写修订质量等	编订、选编、编排、编校、编辑、编写、修订等	教材编写实行主编负责制;教材实行周期修订制度	《中小学教材管理办法》
教材审核	为了使审核机构、环节、流程、制度等更科学规范	审核、查核、核定、审查、初审、复审、审定等	实行教材编审分离制度;教材审核实行盲审制度;审定后的教材不得擅自修改	《中小学教材管理办法》
教材出版	为了保证教材出版质量等	发表、刊印、出版、发行、刊行等	取得国家出版主管部门批准;保证教材编校质量;实施"绿色印刷"	《中小学教材管理办法》
教材选用	为了确保中小学教材选用情况等	选用、选择、采用、选取、选定、遴选、使用等	选用过程规范、有序;建立教材选用、使用监测机制	《中小学教材管理办法》

(三)"政策工具——内容"的分析框架

本研究将麦克唐纳尔和埃尔莫尔的五种政策工具作为 X 轴,将教材建设的政策内容作为 Y 轴,构建了教材建设政策文本二维分析框架(图1)。其中 X 轴包括命令性工具、激励性工具、能力建设工具、系统变革工具和劝告工具五个维度,Y 轴包括教材编写、教材审核、教材出版和教材选用四个维度。在分析政策内容文本时,如果出现"必须""要求""禁止"等词语,即为使用了命令性工具,并将其细化为"制度制定""监督考核""命令执行"三级维度;如果出现"补贴""奖励""处罚"等词语,即为使用了激励性工具,并将其细化为"财政激励""授权激励""资源激励""奖惩机制"三级维度;如果出现"加强""教育""培训"等词语,即为使用了能力建设工具,并将其细化为"技能培训""制度建设""人力资源"三级维度;如果出现"建立""改革""职责"等词语,即为使用了系统变革工具,并将其细化为"多方协同""机构赋权""机制变革"三级维度;如果出现"呼吁""宣传""引导"等词语,即为使用了劝告工具,并将其细化为"舆论宣传""价值引导""行动号召"三级维度。

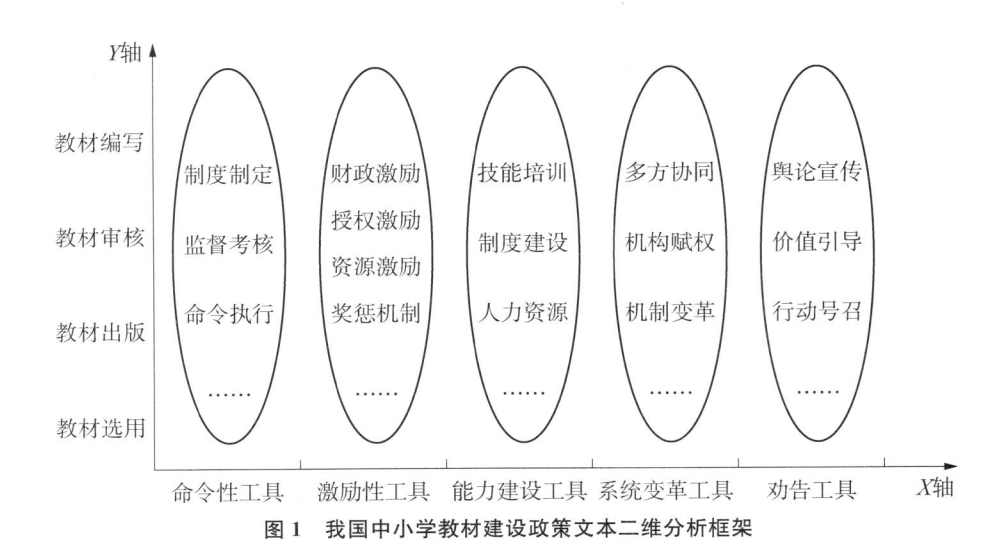

图 1　我国中小学教材建设政策文本二维分析框架

三、研究设计

（一）政策文本选择

本研究对中华人民共和国教育部官网上检索的有关"教材建设"的政策文件进行筛选，标准如下：一是发文主体为我国中央政府权威部门；二是与我国中小学教材建设密切相关；三是政策文件类型为通知、意见或办法等；四是颁布时间处于 2012 年 1 月至 2022 年 10 月之间。最终，梳理出 25 份具有代表性的关于中小学教材建设政策文本（见表 2）。

表 2　中小学教材建设政策文件样本具体情况

序号	时间	政策文件	发文主体	文号
1	2012.04.17	关于 2012 年中小学教学用书有关事项的通知	教育部办公厅	教基二厅函〔2012〕9 号
2	2013.05.06	关于 2013 年中小学教学用书有关事项的通知	教育部办公厅	教基二厅函〔2013〕13 号
3	2014.05.30	关于 2014 年中小学教学用书有关事项的通知	教育部办公厅	教基二厅〔2014〕1 号
4	2014.10.09	《中小学教科书选用管理暂行办法》	教育部	教基二〔2014〕8 号
5	2015.03.23	关于 2015 年中小学教学用书有关事项的通知	教育部办公厅	教基二厅〔2015〕1 号
6	2016.04.11	关于 2016 年中小学教学用书有关事项的通知	教育部办公厅	教基二厅函〔2016〕12 号
7	2017.04.24	关于 2017 年中小学教学用书有关事项的通知	教育部办公厅	教材厅函〔2017〕2 号

续表

序号	时间	政策文件	发文主体	文号
8	2017.05.31	关于全面实施城乡义务教育教科书免费提供和做好部分免费教科书循环使用工作的意见	教育部、财政部	教材〔2017〕1号
9	2017.06.26	关于2017年义务教育道德与法治、语文、历史和小学科学教学用书有关事项的通知	教育部办公厅	教材厅函〔2017〕6号
10	2017.07.05	关于2017年义务教育道德与法治、语文(二、八年级)有关教学用书事项的补充通知	教育部办公厅	教材厅函〔2017〕12号
11	2018.04.27	关于2018年中小学教学用书有关事项的通知	教育部办公厅	教材厅函〔2018〕5号
12	2018.10.23	《教育课程教材改革与质量标准工作专项资金管理办法》	教育部办公厅	教财厅〔2018〕4号
13	2019.05.14	关于印发2019年中小学教学用书目录的通知	教育部办公厅	教材厅函〔2019〕3号
14	2019.07.18	关于普通高中思想政治、语文和历史教学用书有关事项的通知	教育部办公厅	教材厅函〔2019〕4号
15	2019.07.29	关于普通高中思想政治、语文和历史教学用书有关事项的补充通知	教育部办公厅	教材厅函〔2019〕5号
16	2019.10.31	关于开展全国大中小学教材调查统计工作的通知	国家教材委员会办公室	国教材办〔2019〕44号
17	2019.12.19	《中小学教材管理办法》	教育部	教材〔2019〕3号
18	2020.04.08	关于印发2020年中小学教学用书目录的通知	教育部办公厅	教材厅函〔2020〕1号
19	2020.07.03	关于2020年普通高中教学用书的补充通知	教育部办公厅	教材厅函〔2020〕3号
20	2021.04.01	《中小学生课外读物进校园管理办法》	教育部	教材〔2021〕2号
21	2021.04.12	关于印发2021年中小学教学用书目录的通知	教育部办公厅	教材厅函〔2021〕2号
22	2021.09.01	《中小学少数民族文字教材管理办法》	教育部	教材〔2021〕4号
23	2022.02.22	《新时代马克思主义理论研究和建设工程教育部重点教材建设推进方案》	教育部	教材〔2022〕1号
24	2022.04.20	关于印发2022年中小学教学用书目录的通知	教育部办公厅	教材厅函〔2022〕2号
25	2022.05.23	《关于教材工作责任追究的指导意见》	教育部、国家新闻出版署等五部门	—

(二)政策文本编码方法

本研究选取样本中与中小学教材建设高度相关的部分内容,并按"序号—章节—条款—

项目"进行编码,"序号"由颁布时间顺序决定,如《中小学教科书选用管理暂行办法》按表2中的颁布时间排第四,则其序号编为4;"章节"是原始政策文本中的章节序号,"条款"是原始政策文本中的条目序号,"项目"是原始政策文本中的项目序号,例如"4-3-12-1"指颁布时间排第四的《中小学教科书选用管理暂行办法》中第三章第十二条第一项中小学教材建设内容,具体是"教科书版本选定使用后,应当保持稳定"(见表3)。同时,为了保证编码的信度,本研究运用质性分析软件Nvivo12 Plus进行编码,并用Kappa系数这种统计测量方法进行检验,通过"编码比较查询",得出政策工具的Kappa系数为0.875,政策内容的Kappa系数为0.836,二者均大于0.75,证明政策文本的编码结果一致性非常好,信度较高。因篇幅有限,在表3中仅展示部分编码。

表3 政策文本分析单元编码表

序号	章节	条款	项目	编码
……	……	……	……	……
4.《中小学教科书选用管理暂行办法》	第三章 选用程序	第十二条	教科书版本选定使用后,应当保持稳定	4-3-12-1
			小学、初中、高中每一学科教科书版本一经选定使用,在学段周期内,不得中途更换	4-3-12-2
			如需更换教科书版本,应当从起始年级开始	4-3-12-3
……	……	……	……	……
12.《教育课程教材改革与质量标准工作专项资金管理办法》	第三章 支出范围和标准	第九条	开展数字教材等新形态教材的研发、试点和推广等。	12-3-9-5
……	……	……	……	……
22.《中小学少数民族文字教材管理办法》	第四章 教材审核	第十五条	省级教材审核机构应建立民族文字教材审核工作机制,负责民族文字教材的审核工作。	22-4-15-1
……	……	……	……	……

四、研究结果与分析

(一)命令性工具使用过溢,整体结构失衡

本研究对近十年来25份有关中小学教材建设政策文件中运用政策工具的频次进行了统计,总共使用了315次政策工具,并按使用频次将其分为高、中、低三类,第一类是使用频次最高的命令性工具,频次为193次,占比为61.27%;第二类是使用频次中等的激励性工具和系统变革工具,频次分别为59次和34次,占比分别为18.73%和10.79%;第三类是使用频次较低的能力建设工具和劝告工具,频次分别为21次和8次,占比分别为6.67%和2.54%(如图2所示)。

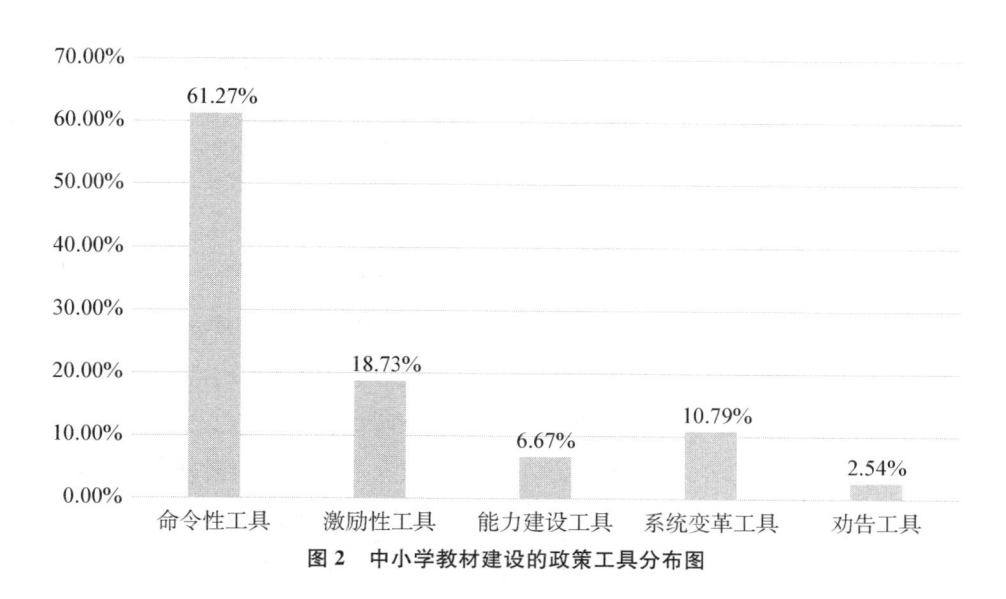

图 2　中小学教材建设的政策工具分布图

从总体上来看，政策工具的五个子维度命令性工具、激励性工具、能力建设工具、系统变革工具和劝告工具分布不均衡，尤其是出现频次最高的命令性工具，比第二类和第三类政策工具使用频次的总和还要高，表明政策制定者对此类政策工具的偏好程度最高。由此可见，命令性工具是落实我国中小学教材建设政策的主要工具手段，但使用频次明显过溢。虽然激励性工具、系统变革工具的使用相对较少，但也进行了一些有益尝试。然而，相较于前两类政策工具，第三类能力建设工具和劝告工具的使用明显不足，个别年份的政策内容中甚至并未使用劝告工具，没有充分利用不同政策工具的不同作用，亟待进一步改善和强化，使之更加科学高效。

表 4　教材建设政策子工具使用情况表

工具类型	子工具名称	使用频次	百分比（%）	合计
命令性工具	制度制定	12	6.22	
	监督考核	35	18.13	193
	命令执行	146	75.65	
激励性工具	财政激励	22	37.29	
	授权激励	2	3.39	59
	资源激励	9	15.25	
	奖惩机制	26	44.07	
能力建设工具	技能培训	10	47.62	
	制度建设	4	19.05	21
	人力资源	7	33.33	
系统变革工具	多方协同	7	20.59	
	机构赋权	12	35.29	34
	机制变革	15	44.12	

续 表

工具类型	子工具名称	使用频次	百分比(%)	合计
劝告工具	舆论宣传	1	12.50	
	价值引导	3	37.50	8
	行动号召	4	50.00	
总合计		315		

从各个政策工具的子工具维度来看,在不同政策工具内部使用频次存在类别化特征,并且协同不足。由表4可知,在命令性工具使用中,命令执行工具使用频次最高,为146次,占比为75.65%,之后依次是监督考核和制度制定,频次分别为35次和12次,占比分别为18.13%和6.22%,内部结构差异较大。在激励性政策工具中,奖惩机制和财政激励使用较多,频次分别为26次和22次,占比分别为44.07%和37.29%,而资源激励和授权激励使用较少,出现9次和2次,占比为15.25%和3.39%,表明国家很重视奖惩机制和财政激励,但授权激励和资源激励有待加强。在能力建设工具中,技能培训和人力资源使用较多,频次分别为10次和7次,占比分别为47.62%和33.33%,而制度建设使用较少,仅出现了4次,占比为19.05%,表明党和国家对于教材建设的技能培训和人力资源比较重视,但制度建设明显不足。在系统变革工具中,机制变革和机构赋权使用频次较高,分别为15次和12次,占比分别为44.12%和35.29%,但多方协同使用频次较低,仅出现了7次,占比为20.59%,表明国家比较注重机制变革和机构赋权,但忽视了多方协同的重要作用。在劝告工具中,行动号召和价值引导出现频次较高,分别为4次和3次,占比分别为50.00%和37.50%,舆论宣传仅出现了1次,占比为12.50%,表明党和国家还比较注重行动号召和价值引导的作用,但并未发挥舆论宣传的积极作用。

(二) 重教材选用,轻编审和出版

本研究也对近十年来25份有关中小学教材建设政策文件中不同政策内容出现频次进行了统计,总计315次,并按频次将其分为高、中、低三类,第一类是出现频次最高的是教材选用,频次为173次,占比为54.92%;第二类是出现频次中等的教材编写和教材审核,频次分别为72次和51次,占比分别为22.86%和16.19%;第三类是出现频次较低的教材出版,频次为19次,占比为6.03%(如图3所示)。

从总体上来看,政策内容的四个子维度教材编写、教材审核、教材出版和教材选用的分布不均衡,教材选用出现频次尤为突出,比第二类和第三类政策内容出现频次的总和还要高,表明政策制定者对此类政策内容的偏好程度最高,明显重教材选用,轻编审和出版。2014年10月9日,教育部还专门针对教材选用颁布了《中小学教科书选用管理暂行办法》,这充分体现了党和国家对教材选用的高度重视,也表明了教材建设的国家事权。近十年来,教育部每年都颁

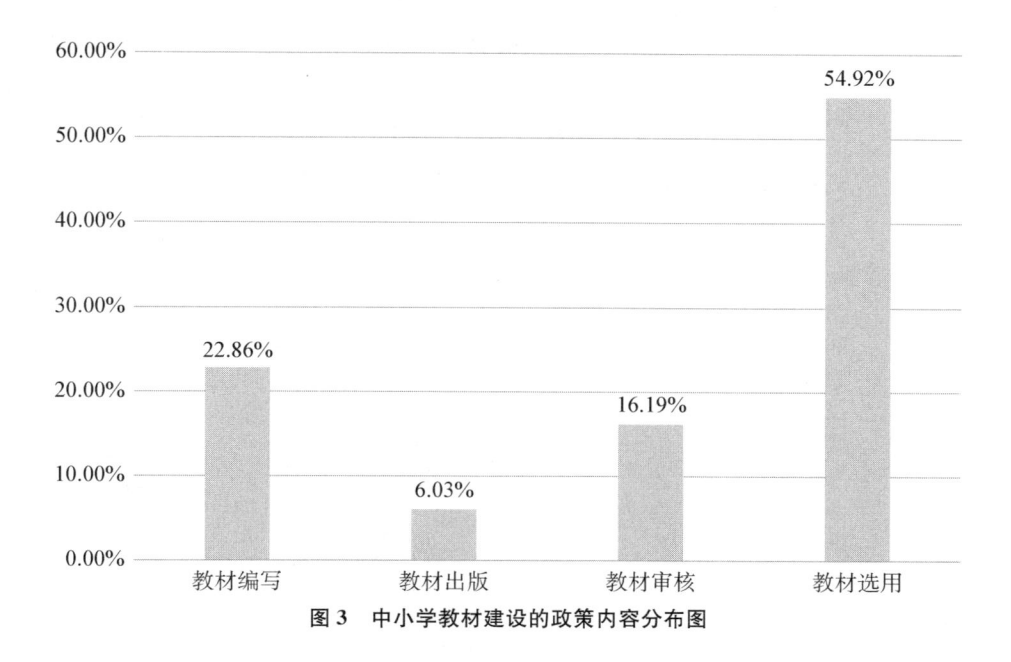

图3 中小学教材建设的政策内容分布图

布中小学教学用书有关事项的通知,有的年份甚至颁布了2—3份政策文件。例如,2017年发布了3份教材选用的通知,分别是《关于2017年中小学教学用书有关事项的通知》《关于2017年义务教育道德与法治、语文、历史和小学科学教学用书有关事项的通知》和《关于2017年义务教育道德与法治、语文(二、八年级)有关教学用书事项的补充通知》。2019年也发布了3份教材选用的通知,《关于印发2019年中小学教学用书目录的通知》《关于普通高中思想政治、语文和历史教学用书有关事项的通知》和《关于普通高中思想政治、语文和历史教学用书有关事项的补充通知》,2017—2019年恰逢中小学思想政治、语文和历史三科统编教材政策执行关键期,因此,关于教材选用的政策文件发布得比较多。

然而,近十年来,几乎没有专门针对教材编写、教材审核和教材出版这类教材建设的政策文件,都是穿插出现在一些政策文本中,所以这些政策内容出现的频次相对比较低,也很薄弱。例如,2019年12月19日,《中小学教材管理办法》中出现了对教材编写、教材审核和教材出版的一些规范,但不够全面、系统,而且近年来出现的教材插图问题造成了不良影响,亟须出台一系列专门针对教材编写、教材审核和教材出版方面的政策文件,建立健全我国教材建设的相关政策机制,促进教材建设事业的全面发展。

(三)政策工具和政策内容的组合存在一定差异,结构失之偏颇

为了对政策工具及内容进行二维交叉分析,本研究使用质性分析软件Nvivo12 Plus进行"矩阵编码查询"并导出一个矩阵二维分布表(见表5),可以更清晰地看到两个维度项目列表之间的编码交叉点情况。

表5　中小学教材建设的政策文本二维分析情况表

工具类型	子工具名称	政策内容 教材编写	教材审核	教材出版	教材选用	合计	总合计
命令性工具	制度制定	6	4	1	1	12	
	监督考核	8	14	3	10	35	193
	命令执行	28	4	6	108	146	
激励性工具	财政激励	7	6	2	7	22	
	授权激励	2	0	0	0	2	59
	资源激励	0	0	1	8	9	
	奖惩机制	8	4	2	12	26	
能力建设工具	技能培训	4	1	1	4	10	
	制度建设	1	1	0	2	4	21
	人力资源	3	2	1	1	7	
系统变革工具	多方协同	1	2	1	3	7	
	机构赋权	1	7	0	4	12	34
	机制变革	2	6	1	6	15	
劝告工具	舆论宣传	0	0	0	1	1	
	价值引导	2	0	0	1	3	8
	行动号召	0	0	0	4	4	
合计		73	51	19	172	315	315

由表5可知，在近十年来25份有关中小学教材建设政策文件中，整理了315条条款，从横向的政策工具维度看，发现五种政策工具的使用频次存在一定差异。其中，命令性工具、激励性工具、能力建设工具、系统变革工具和劝告工具的使用数量分别是193次、59次、21次、34次和8次。从整体结构看，五种政策工具的使用呈现出不均衡的情况，而且在各自所属的政策内容维度上，这一差异更为明显，命令性工具运用最多，其后依次是激励性工具和系统变革工具，最后是能力建设工具和劝告工具。从纵向的政策内容维度看，发现四种政策内容的出现频次也存在一定差异。其中，教材编写、教材审核、教材出版和教材选用的出现频次分别是73次、51次、19次和172次。从整体结构看，四种政策内容的出现频次也呈现出不均衡的情况，而且在各自所属的政策工具维度上，这一差异也很明显，教材选用出现得最多，其后依次是教材编写和教材审核，最后是教材出版。从二维交叉的三级维度看，政策工具和政策内容政策的组合方面，存在一定差异，整体结构失衡。

在教材编写方面，命令执行使用频次最高（28次），其次是监督考核（8次）、奖惩机制（8次）、财政激励（7次）、制度制定（6次），再次是技能培训（4次）、人力资源（3次）、机制变革（2次）、价值引导（2次）、授权激励（2次）、制度建设（1次）、多方协同（1次）、机构赋权（1次），最后，资源激励、舆论宣传、行动号召这三个政策子工具并未得到使用。从总体上看，教材编写方面政策子工具的使用总频次较高，但命令执行子工具的使用远远高于其他工具，结构不均衡，甚至忽视了一些政策工具的作用，导致教材编写制度不规范。

在教材审核方面,监督考核工具使用频次最高(14次),其次是机构赋权(7次)、财政激励(6次)、机制变革(6次)、制度制定(4次)、命令执行(4次)、奖惩机制(4次),再次是人力资源(2次)、多方协同(2次)、技能培训(1次)、制度建设(1次),最后,授权激励、资源激励、舆论宣传、价值引导、号召行动这五个政策子工具并未得到使用。从整体上看,教材审核方面政策子工具的使用总频次比较低,内部结构失之偏颇,有接近三分之一的子工具都未得到有效利用,导致审核机制不健全。

在教材出版方面,命令执行使用频次最高(6次),其次是监督考核(3次)、财政激励(2次)、奖惩激励(2次),再次是制度制定(1次)、资源激励(1次)、技能培训(1次)、人力资源(1次)、多方协同(1次)、机制变革(1次),最后授权激励、制度建设、机构赋权、舆论宣传、价值引导、号召行动这六个政策子工具都未得到使用。从总体上看,教材出版方面政策子工具的使用程度最低,且不均衡,导致出版监管不力,近年来教材出版乱象丛生,形成了恶性竞争的产业链,严重制约了教材建设的高质量发展。

在教材选用方面,命令执行工具使用频次最多(108次),其次是奖惩机制(12次)、监督考核(10次)、资源激励(8次)、财政激励(7次)、机制变革(6次),再次是技能培训(4次)、机构赋权(4次)、行动号召(4次)、多方协同(3次)、制度建设(2次)、人力资源(1次)、制度制定(1次)、舆论宣传(1次)、价值引导(1次),最后,授权激励并未得到使用。由此可知,教材选用方面政策子工具使用频次最多,比较全面,使用频次上存在明显差异,命令执行工具使用尤其突出,但必须要加强其他工具的使用,使之更加平衡、科学、规范。

五、研究讨论与建议

(一) 突破对命令性工具的依赖,实现多种政策工具的综合运用

通过分析2012—2022年25份315条我国中小学教材建设的政策条款,研究发现在国家层面颁布的教材建设的政策工具体系中,命令性工具占主导地位,在一定程度上也使用了激励性工具、系统变革工具、能力建设工具和劝告工具。从总体上看,政策工具配备较为齐全,但其使用频次不均衡。命令性工具的过度使用会导致"教育管理模式生硬僵化、缺乏回应性,有悖于教育发展的总体趋势,也遏制了教育领域的创新与活力"。[16]长此以往,可能会导致政策工具维度比例失衡,不利于发挥其他政策工具的积极作用,也不利于推动教材建设的高质量发展。

因此,政策制定者要突破对命令性工具的依赖,实现多种政策工具的综合运用。政府要不断优化政策工具的使用结构,合理使用命令性工具这类权威性政策工具,"在具体运用中可以通过合理化设计赋予其更多的弹性和可选择性,从而增加权威性政策工具运用的政策张力和灵活性,使此类工具的运用更具柔韧性、更加人性化"。[17]同时,党和国家要进一步拓展激励性工具的使用范围,加强对教材建设各个环节的资金支持、专项补贴、奖励机制等,使用激励性工

具鼓励差异化发展,树立典范,也要注重能力建设这种长期投资工具,给予教材建设长久的政治支持。除此之外,政府要加强系统变革工具和劝告工具的使用,利用系统变革工具进行权威重组,推动教材建设的科学决策,运用劝告工具对教材建设进行积极宣传,调动各方面积极性,营造良好的社会氛围,推动教材建设的高质量发展。

(二)合理分配政策注意力,优化政策内容结构

在2012—2022年25份国家层面颁布的中小学教材建设的政策文件中,教材选用占据绝对优势,而教材编写、教材审核和教材出版的政策内容都是在少数政策文本中交织出现,频次相对较低。从总体上看,政策内容分布较为全面,但其出现频次不均衡,教材编写、教材审核和教材出版的"瘸腿"现象较为明显,整体结构不协调,而且"不同出版机构的教材编辑、出版和发行多为内部过程,再加上标准的原则化、专业资质体系的缺乏、外部监督力量的缺位等,形成内部控制的'黑箱'和质量管理上的漏洞,导致教材问题"。[18]教材编写缺乏规范,教材审核机制不健全,教材出版监管不到位,都会阻碍教材建设的发展。

因此,政策制定者要均衡政策内容的不同维度,在注重教材选用政策的同时,也要充分重视教材编写、教材审核和教材出版政策的制定,合理分配政策注意力,全面优化政策内容结构。首先,国家要依据教材质量国际标准,并结合我国中小学教材建设的实际情况,借鉴《中小学教科书选用管理暂行办法》的政策制定经验,建立健全教材编写、教材审核和教材出版的专门管理办法和实施细则,使之有章可循,为建构中国特色世界水平的高质量教材奠定政策基础。其次,教材建设是关系国计民生的大事,国家要紧紧围绕教材编写、教材审核、教材出版和教材选用的全过程,建立健全中小学教材质量动态监测评价制度体系,定期对教材建设各个环节实施监测评价,主动向社会公开,接受社会的监督,推动教材建设的全面优化。最后,国家必须建立健全教材编写、教材审核、教材出版和教材选用的终身问责惩戒制度,深化并完善《关于教材工作责任追究的指导意见》,对于出现教材问题的相关机构和个人应予以通报批评,并依法追究其责任,杜绝教材问题的出现,为教材建设的科学有序运行提供政策保障。

(三)适配政策工具和政策内容,提升子工具的协同效率

在近十年来25份有关中小学教材建设政策文件中,从横向的政策工具维度看,命令性工具使用过溢,其他工具使用较少,整体结构失衡,子工具协同不足。从纵向的政策内容维度看,重教材选用,轻编审和出版。从二维交叉分析角度看,政策工具和政策内容组合方面存在一定差异,政策制定者更加偏向于命令性工具和教材选用方面,整体结构失衡。在未来的中小学教材建设政策制定层面,亟须做出进一步的科学规划和优化调整,以期促进教材建设的高质量发展。

政府要适配政策工具和政策内容,优化组合,均衡结构,提升子工具的协同效力,推动政策目标的实现,实现高质量教材建设。麦克唐纳尔和埃尔莫尔认为,每种政策工具都有各自的优

缺点,政策工具使用过于单一,或不合理的政策工具组合都会引发相应的问题,难以达到良好的政策效果。[19]政府要准确把握每种政策工具的独特价值、使用范围和作用机理,根据中小学教材建设政策内容,选择合适的政策工具,并进行优化组合,使得不同政策工具优势互补,达到最佳组合效果。政府在制定教材编写、教材审核、教材出版和教材选用政策时,合理使用命令性工具,适当加大其他政策工具的使用比例。政府要通过机制变革、多方协同、机构赋权等系统变革工具的使用,合理分配决策权,使权力主体多元化,扩大参与范围,使决策更加民主化、科学化;也要使用激励性工具加大对教材建设的财政激励、授权激励、资源激励,规范奖惩机制,提高参与人员对教材建设的积极性;还要使用能力建设工具加强教材建设技能培训、制度建设、人力资源建设,进一步提升教材建设的能力;更要发挥好劝告工具对中小学教材建设的舆论宣传、价值引导、行动号召作用,科学合理配置政策工具和政策内容,助推教材建设的高质量发展。

参考文献

[1] 王厚红,陆卓涛,赵晓雨.高质量课程教材建设:价值追问、现实路径与未来展望——第四届全国课程与教学青年学术论坛述评[J].全球教育展望,2023(5):119—128.

[2] 刘学智.新时代高质量教材体系建设的着力点[J].课程·教材·教法,2023(2):21—23.

[3] 吕志奎.公共政策工具的选择——政策执行研究的新视角[J].太平洋学报,2006(5):7—16.

[4] 陈霞.改革开放以来我国中小学教材管理政策研究——基于NVivo12的政策文本分析[J].课程教学研究,2023(1):89—99.

[5] 陈丽君,王敏.我国职业教育教材建设的政策文本研究[J].职教通讯,2021(12):22—30.

[6] 黄忠敬.教育政策导论[M].北京:北京大学出版社,2011:92.

[7] Hood, C. C. The Tool of Government [M]. London and Basingstoke: The Macmillan Press Ltd, 1983:18.

[8] Rothwell, R. Reindustrialization and Technology: Towards a National Policy Framework [J]. Science and Public Policy, 1985,12(3):113-130.

[9] Schneider, A., & Ingram, H. Behavioral Assumptions of Policy Tools [J]. The Journal of Politics, 1990,52(2):510-529.

[10][19] McDonnell, L. M., & Elmore, R. F. Getting the Job Done: Alternative Policy Instruments [J]. Educational Evaluation and Policy Analysis, 1987,9(2):133-152.

[11] McDonnell, L. M. Assessment Policy as Persuasion and Regulation [J]. American Journal of Education, 1994,102(4):394-420.

[12] Howlett, M., & Ramesh, M. Studying Public Cycles and Policy Subsystems [M]. Oxford: Oxford

University Press,1995:163.

[13] 戴维·E.阿普特.现代化的政治[M].陈尧,译.上海:上海人民出版社,2016:120.

[14] 赵婀娜.用心打造培根铸魂、启智增慧的精品教材——党的十八大以来我国教材建设工作综述[N].人民日报,2021-10-11(001).

[15] 唐检云,伍南婷.教材建设不同环节关键点探析[J].中国出版,2022(2):45—47.

[16][17] 胡仲勋,俞可.以政策工具创新推进公共教育改革——基于纽约市教育局的经验[J].全球教育展望,2016,45(3):81—89.

[18] 薛二勇,李健.教材治理体系和能力现代化的政策分析[J].中国电化教育,2022(7):16—22,42.